기독교문서선교회 (Christian Literature Center: 약칭 CLC)는 1941년 영국 콜체스터에서 켄 아담스에 의해 시작되었으며 국제 본부는 미국 필라델피아에 있습니다. 국제 CLC는 약 650여 명의 선교사들이 59개 나라에서 180개의 서점을 운영하며 이동 도서 차량 40대를 이용하여 문서 보급에 힘쓰고 있으며 이메일 주문을 통해 130여 국으로 책을 공급하고 있는 국제적 문서선교 기관입니다.

추천사

심하보 목사 은평제일교회 담임

본서 『국가가 하나님을 잊을 때』는 잘못된 소용돌이 속에서 현대를 사는 사람이라면 반드시 알고 가야 할 시대적 흐름이 시골의 맑은 개울물처럼 들여다 보여주는 책이기에 누구나 읽으면 좋을 듯 싶어 적극적으로 추천하고자 추천사를 쓴다.

책 줄거리의 시작이 나치 독일의 이야기로 시작한 거기서부터 한마디 달아본다.

독일의 히틀러가 독재를 시작하며 유대인을 학살하고 제2차 세계대전을 일으킬 때 그 나라는 세상을 지배하고 장구할 것같이 선동하고 생각했을 것이다. 그러나 국가사회주의 나치 독일 히틀러의 계획은 무위로 돌아갔으며 히틀러는 막을 내린다. 성경은 분명히 말하고 있다.

> 그의 앞에는 모든 열방이 아무것도 아니라 그는 그들을 없는 것 같이, 빈 것 같이 여기시느니라(사 40:17).

> 여호와께서 나라들의 계획을 폐하시며 민족들의 사상을 무효하게 하시도다. 여호와의 계획은 영원히 서고 그의 생각은 대대에 이르리로다. 여호와를 자기 하나님으로 삼은 나라 곧 하나님의 기업으로 선택된 백성은 복이 있도다 (시 33:10-12).

그런데 히틀러의 선동 정치를 모양만 바꾸어 동성애, PC(정치적 올바름), 페미니즘 등의 운동을 미국에서 벌이고 있다. 여기에 대해 미국의 교회들이 어떻게 대응하고 있는지를 비교하고, 미국의 시민들과 교회의 관심과 역할을 기대해 본다.

이러한 흐름은 미국만의 문제가 아니고 유럽과 전 세계가 겪는 문제이며, 나는 이 문제를 십여 차례 유럽을 방문, 많은 곳에서 말씀 집회를 인도하고 유럽을 체험해 봤기에 직접 피부로 실감했다. 그것을 보고 닮아가고 있는 현재 우리나라를 볼 때 눈물이 앞을 가린다. 우리도 예외는 아니기 때문이다. 일명 '정치적 올바름'이라는 명분 아래 페미니즘, 인권운동(동성애, 소수자) 등과 연계하여 정치, 사법, 문화 전반에 확산되어 거대한 집단을 형성하고 있다.

저자는 개인보다는 집단이 매우 심각한 가해자가 될 가능성이 크다는 점을 지적하고 있다. 절대 권력은 절대 부패를 생산한다. 선동적 집단은 감성을 자극한다. 평화, 안정, 공정, 평등, 자유, 사랑, 이런 아름다운 단어를 사용한다. 그러나 같은 단어라도 단어일 뿐 그들이 쓰는 언어는 오직 선동용 언어며 그대로 살지도 않는다.

정의를 주장하는 이들에게 정말 정의가 있었는가?

성경은 말한다.

> 너희는 이 세대를 본받지 말고 오직 하나님이 기뻐하시고 온전하신 뜻이 무엇인지 분별하도록 하라(롬 12:2).

> 진리를 알지니 진리가 너희를 자유롭게 하리라(요 8:32).

> 예수께서 이르시되 내가 곧 길이요 진리요 생명이니 나로 말미암지 않고는 아버지께로 올 자가 없느니라(요 14:16).

오직 예수 오직 복음만이 답이다.

복음이 들어간 곳의 인류는 어디든지 나아졌다. 심지어 적들뿐만 아니라 자신의 부족민까지 먹는 뉴헤브리디스 제도의 야만족도 존 깁슨 패튼(John Gibson Paton) 선교사가 30년 동안 성경을 가르친 결과, 영국 정부는 영국의 지배 아래에 있는 모든 부족 중 가장 진보되고 교양이 있는 부족이 되었다고 공식 발표했다고 한다. 진리가 전파되었기 때문이다. 우리나라도 복음이 들어온 이래 역사상 가장 융성한 나라가 되었음을 부인할 수 없다.

반대로 진리가 떠나는 곳들은 혼란이 가중되고 있다. 유럽이 그 예다. 우리도 예외는 아니다. 교회의 종소리가 사라진 지 오래며, 크리스마스 캐롤은 사라져 가고 있으며, 광장의 트리에는 아무도 눈치채지 못하는 동안 십자가가 사라졌다.

일부 교회는 스스로 십자가를 없앤다. 진리가 심각한 도전을 받는 이 때, 진리를 사수하는 것은 교회의 책임이며, 그것은 교회만을 위해서가 아니라 나라와 국민을 위해서다. 국가에 충성함으로써 하나님께 충성하는 것이 아니라, 하나님을 향한 충성을 통해 나라에 충성해야 한다. 하나님을 사랑하면 사람을 사랑하게 되지만 하나님을 사랑하지 않으면 사람도 사랑할 수 없게 된다.

혼란기 속에서 현대를 살아가는 나 자신은 물론 자녀들을 사랑하고 책임감을 가진 모든 사람에게 추천하며, 특히 교회와 교회의 구성원인 그리스도인들이 반드시 읽어보기를 간곡히 권한다.

나의 의인은 믿음으로 말미암아 살리라 또한 뒤로 물러가면 내 마음이 그를 기뻐하지 아니하리라 하셨느니라(히 10:38).

박한수 목사 제자광성교회 담임

이 책을 한마디로 소개하자면, "매우 적절하다"라고 말하고 싶다. 적절한 시기에, 적절한 책이 나왔다. 저자는 히틀러 치하의 독일교회와 현재의 미국교회를 비교하면서 전 세계 그리스도인에게 엄중한 경고를 보내고 있다.

독일교회가 히틀러가 거짓으로 약속한, "교회와 국가 사이의 평화" 선언에 속절없이 속아서 독일교회의 미래를 송두리째 갖다 바친 것처럼 어리석은 실패를 하지 말라는 경고를 오늘의 한국교회가 들어야 한다.

코로나19 사태로 한국 사회와 교회는 어디로 가야 할지 모르고 있다. 그냥 하루하루 지내고 있을 뿐이다. 어둠의 세력들은 이 혼란을 틈타 오랫동안 공들였던 자신들의 꿈을 실천에 옮기려 할 것이다.

우리는 이것을 지켜만 보고 있어야 하는가?

이 책은 원수들의 술책들과 그로 인한 현시대의 현상들 그리고 그에 대응할 수 있는 구체적이고 실제적인 대안들을 각 장에 기술해 놓았다.

이 책에서 다루는 내용들은 종교적이지 않다. 한마디로 성도들에게 익숙하지 않은 주제들이다. 그래서 아이러니하게도 더욱 필요하다. 이제까지 이런 분야의 책이 많지 않았기 때문이다. 잠자는 성도들에게 불편할 것이고, 깨어 있는 성도들에게는 실제적인 무기가 될 것이고, 원수에게는 미운 책이 될 것이다. 그래서 이 땅에서 주님의 재림을 사모하는 성도들과 잠자는 성도들을 깨우길 원하는 목회자들에게 기쁨으로 이 책을 권하고 싶다.

읽는 것으로 만족하지 말고, 설교와 교회 안의 소그룹에서 교재로 활용해도 참으로 유용할 것이다. 책의 저자와 번역의 수고를 아끼지 않으신, 모영윤 성도에게 감사를 드린다.

최형유 목사 선부장로교회 담임

인류의 역사는 "인본주의"와 "신본주의"가 서로 상충하고, 충돌하는 가운데 흘러왔고, 앞으로도 끝날까지 이러한 두 흐름을 따라 흘러가게 될 것이다. 이런 역사의 흐름 안에서 우리가 하나님의 음성을 듣고, 하나님께서 주시는 교훈을 받는 것으로 먼저, 하나님의 말씀인 성경을 통해서이고, 다른 하나는 성경에 근거하여 역사를 바르게 분석하고 이해하여 역사가 주는 교훈을 받는 것일 것이다. 그러기에 과거의 역사를 통해서 현재의 우리 삶과 처해있는 상황을 바르게 살피고 깨달아, 미래를 예견하고, 현실에 대처하는 일은 너무나 중요하다. 왜냐하면, 역사를 무시하는 사람들은 과거의 실패를 반복할 수밖에 없기 때문이다.

사탄이 "신본주의 사상"을 무너뜨리기 위해서 쓰는 강력한 무기는 "인본주의 사상"이다. 따라서 사탄의 계략은 세속적 인본주의를 통해 이 세상을 "사회주의 국가"로 만들고, 더 나아가 무신론과 유물론에 근거한 공산주의 국가로 만들어 하나님께서 인간에게 주신 자유를 박탈하고 더 나아가, 절대 독재자에 의하여 "통제와 압박과 감시"로 다스림을 받는 전체주의 국가의 수하에 들어가게 하는 것이다. 더 나아가, 궁극적으로 온 세상을 사탄의 하수인인 "적그리스도" 수하에 들어가게 하여 하나님을 대적하고, 사탄을 경배하게 하는 자리로 몰아가는 것이다(계 13장).

이런 사실에 근거하여 이 책은 성도들을 영적으로 각성시켜 주며, 우리가 속해 있는 국가와 현실을 바르게 분별하며 통찰하는 혜안을 열어주며, 우리가 하나님의 사람답게 대처하는 결단을 하는 데 큰 도움을 준다.

저자는 나치 독일의 태생적 배경과 진행 과정에서 당시 히틀러의 전략과 독일 국민의 선택 그리고 나치 독일이 독일교회에 대하여 그 당시 행한 회유와 압박으로 인하여 교회가 비진리에 대하여 침묵하며, 타협했던 행동의 결과에 대하여 언급하고 있다.

또한, 오늘날 미국에서 일어나고 있는 유사한 상황들의 위험성에 대해 경고하고, 나치 독일의 역사를 반면교사로 삼아야 한다는 교훈을 주고 있다. 그뿐아니라 나치 독일 당시와 유사한 상황에서 하나님의 백성으로서 교회의 역할이 무엇인지를 자문하게 한다.

이 책이 전하는 메시지는 나치 독일과 미국에만 국한된 것이 아니며, 전 세계에 주어진 교훈이다. 특별히, 한국교회들이 각성한 마음으로 긴박하게 받아들여야 할 하나님의 음성이다.

한국교회와 대한민국이 처한 현실은 영적, 정치적, 도덕적, 사회적으로 정말 짙은 어둠이 깔려있어서 인간적인 노력과 도모로는 새롭게 할 수 없다는 절망을 갖게한다.

올바른 삶의 터전이 다 무너져 내린 '터'에서 "터가 무너지면 의인이 어찌할꼬?"(시 11:3)

절규하는 시편 기자의 모습이 오늘 우리의 모습이라고 말할 수 있다.

그러나 우리는 이 사실을 알아야 한다!

아무리 절망적인 상황에서도 하나님은 살아 계시고, 언제나 하나님은 우리의 소망이 되신다. 우리를 새롭게 할 권능은 오직 하나님께 있다. 회개함으로 예수 그리스도의 십자가를 높이 들고, 하나님께로 나가는 삶의 소망과 용기를 이 책을 통해서 배우며, 굳게 하는 우리가 모두 되기를 소원한다.

끝으로, 모영윤 성도에게 감동을 주셔서 이 책의 메시지가 필요할 때에 번역하게 하시고 출판하게 하시는 하나님께 감사를 드린다.

국가가 하나님을 잊을 때

When a Nation forgets God
Written by Erwin W. Lutzer
Translated by Mo Young Yun

Copyright ⓒ 2010 by Erwin W. Lutzer
Originally published in English under the title
When a Nation forgets God
by Moody Publishers, 820 N. LaSalle Blvd., Chicago, IL 60610
All rights reserved.

Translated and printed by permission of Moody Publishers.
Korean Edition Copyright ⓒ 2020 by Christian Literature Center, Seoul, Korea.

국가가 하나님을 잊을 때
When a Nation forgets God

2020년 9월 10일 초판 발행
2025년 6월 30일 초판 4쇄 발행

| 지은이 | 어윈 W. 루처 |
| 옮긴이 | 모영윤 |

편 집	박민구
디자인	김현진
펴낸곳	(사)기독교문서선교회
등 록	제16-25호(1980.1.18.)
주 소	서울특별시 동대문구 천호대로71길 39
전 화	02-586-8761~3(본사) 031-942-8761(영업부)
팩 스	02-523-0131(본사) 031-942-8763(영업부)
이메일	clckor@gmail.com
홈페이지	www.clcbook.com
송금계좌	기업은행 073-000308-04-020 (사)기독교문서선교회

ISBN 978-89-341-2170-1(03230)

이 도서의 국립중앙도서관 출판예정도서목록(CIP)은 서지정보유통지원시스템 홈페이지(http://seoji.nl.go.kr)와 국가자료공동목록시스템(http://www.nl.go.kr/kolisnet)에서 이용하실 수 있습니다. (CIP제어번호: CIP2020027597)

이 책의 저작권은 Moody Publishers와 (사)기독교문서선교회가 소유합니다. 신저작권법에 의하여 한국 내에서 보호받는 저작물이므로 무단 전재와 무단 복제를 금합니다.

나치 독일로부터 배우는 일곱 가지 교훈

국가가 하나님을 잊을 때

CLC

목차

추천사	1
심 하 보 목사 | 은평제일교회 담임	
박 한 수 목사 | 제자광성교회 담임	
최 형 유 목사 | 선부장로교회 담임	
머리말	13
저자 서문	16
역자 서문	18
이 책의 줄거리	20
제1장 심판이 따르는 정부	25
1. 교회의 이용	29
2. 마틴 니묄러 목사와 히틀러의 만남	30
3. 미국은 어디로?	35
4. 중국의 종교 자유	37
5. 오싹한 우리의 미래	40
6. 우리가 행동할 때는?	41
7. 니묄러 목사의 심정으로	42
제2장 문제는 경제	47
1. 히틀러의 등장	51
2. 경제의 힘	55
3. 독일 국민의 반응	57

   4. 자유보다 빵   58
   5. 미국을 위한 교훈   59
   6. 두 가지 중요한 교훈   63
   7. 예수님의 말씀   67

제3장 합법적인 악   70
   1. 법의 힘   71
   2. 법의 기초   73
   3. 입법자가 하나님? 인간?   75
   4. 미국의 초기 법률   76
   5. 미국의 과도기법   80
   6. 미국의 현대 법률   82
   7. 벤치를 위한 전투   84
   8. 악화되는 시간   89

제4장 국가를 바꾸는 선전   91
   1. 선전은 힘이 있다   91
   2. 선전 문구의 힘   94
   3. 범죄 위장을 위한 언어 순화   95
   4. 자발적 장님   96
   5. 미국의 신화   99
   6. 반대자들을 지치게 만들라   101
   7. 감정에 호소   102
   8. 정당하고 옳게 묘사하라   103
   9. 순응하는 미디어   105
   10. 엘리트들의 배신   107
   11. 확장되는 격류에서   110
   12. 우리는 어디로?   112

제5장 자녀 교육의 책임은 부모　　115

1. 자녀 교육에 대한 책임　　115
2. 히틀러의 그림자　　117
3. 국가 후원 교리　　118
4. 사실이 아니라 반항적인 태도　　121
5. 미국식 가치의 명료화　　125
6. 어린이의 가치관 조작　　127
7. 어린이들의 성애화　　128
8. 정치적으로 올바른 교과서　　131
9. 당신 자녀들의 교육?　　134
10. 마지막 호소　　135

제6장 평범한 영웅들이 끼친 영향　　137

1. 값진 은혜에 의한 영감　　139
2. 변화를 일으킨 사람들　　142
3. 성품의 자질　　148
4. 지는 것이 이기는 것　　151

제7장 십자가를 높이 들라　　153

1. 어둠이 몰려오는데　　153
2. 초대교회의 힘　　156
3. 우리의 숨겨진 십자가　　156
4. 십자가에 이르지 못하는 무관심　　158
5. 나치 독일의 마지막 모습　　161
6. 이제 우리 차례　　163
기도　　178

미주　　179

머리말

에릭 메탁사스 박사

작가 | The Eric Metaxas Show 진행자

디트리히 본회퍼에 대한 나의 전기는 그가 죽은 지 65주년이 되는 2010년에 나왔다.

그 후로 나는 그의 이야기에 대한 반응에 완전히 압도당했는데, 그것은 나에게 영광이었다. 나는 그가 비범한 삶을 살았다는 것을 알고 있었다. 그렇지 않았다면 나는 그것에 대해 쓰지 않았다. 그러나 그의 삶에 대한 독자들의 반응은 내가 기대했던 그 어떤 것보다도 더 컸다.

그 반응에 관해 설명할 수 있는 것은 무엇인가?

현대 미국인들은 그들에게 그렇게 강력하게 말하는 독일 목사의 이야기에서 무엇을 볼 수 있을까?

그 질문에 대한 가장 짧은 대답을 위해, 나는 간단히 "어윈 루처의 책을 읽으라고 한다." 하지만 당신이 이미 이 책을 읽고 있으니, 한

마디 덧붙이고자 한다. 사람들이 본회퍼의 이야기에서 걱정스러울 정도로 친숙한 것, 즉 지금 우리에게 직접 말하는 것을 보았다는 것이다. 우리는 비록 희미하게라도 그 이야기에서 우리 자신을 엿볼 수 있고, 그렇게 하기에 충분히 쿨하다. 사실 내가 본회퍼에 대해 이야기하면서 미국을 여행했을 때, 나는 사람들이 제2차 세계대전을 앞두고 독일에서 일어난 일이 우리 시대의 미국에서 어떻게 반복되고 있는가에 대해 여러 번 들었다. 그들에게 동의하게 되어 매우 유감스럽다. 물론 세부 사항들은 다르고, 유사점을 너무 강조하는 것은 신뢰성을 손상시키고 분명히 조롱을 받을 것이다. 우리는 어떤 면에서는 독일의 시기와 오늘날 미국의 시기 사이의 차이가 더 극적일 수 없다고 말해야 한다. 하지만 우리의 전폭적인 관심을 요구하는 닮은 점들이 있다.

아마도 주된 유사성은 종교적 자유와 관련이 있다. 본회퍼의 시대에는 바로 그의 눈앞에서 강건한 기독교 국가가 강력한 정부에 의해 빠르게 세속화되었다. 교회는 분열되었고, 어떻게 해야 할지 몰랐으며, 그들은 그들이 해야 할 마땅한 일에 반응하지 않았다. 그래서 교회는 국가에 압도당하여 존재 의미와 목적마저 사라졌다.

그 결과 발생한 것은 무엇보다도 홀로코스트였다. 미국에서 그런 일이 일어날지는 알 수 없지만, 우리는 그 끔찍한 방향으로 나아가는 작은 움직임이 경종을 울리는 원인이라는 것을 알아야 한다. 우리가 알기로는 좋은 일은 있을 수 없다.

우리는 여전히 이 나라에서 엄청난 자유를 누리고 있지만, 대부분 미국인은 이런 자유를 모르고 그것을 행사하지 않는다. 미국이라고 불리는 이 위대한 "자유의 실험"은 그냥 유지되는 것이 아니다.

우리의 자유는 자연 발생적인 것이 아니다. 그것은 매우 취약하며 모든 세대에서 방어되어야 한다. 그래서 우리가 가진 것을 알지 못한다면, 우리는 그것이 실제로 이 시기에 일어나고 있는 것처럼 인사도 없이 떠나는 것을 보지 못할 것이다. 바로 그 때문에 루처 박사의 이 책이 훌륭하고 중요하다.

이 책은 독일이 어떻게 은혜로부터 몰락했으며, 우리 몰락의 시작 사이의 닮은 점이 무엇인지 분명하고 강력하게 설명한다. 내가 가장 바라는 것은 이 책이 큰 경각심을 불러일으키는 역할을 하고, 끔찍한 추락을 저지시키며, 우리의 건국 정신으로 되돌아가는 여행을 시작하는 것이다. 모든 미국인이 이 책을 읽고 이 책이 말하는 모든 것을 신중이 고려하기를 바란다. 하나님께 영광!

2014년 9월
뉴욕시

저자 서문

어윈 W. 루처 박사
시카고 무디교회(The Moody Church) 원로목사

정치적 신념으로 더욱더 심오한 것을 찾으려는 유일한 생각에 이 책을 읽는다면 나의 의도를 잘못 이해한 것이다. 나는 우리나라가 나아갈 방향에 대해서도 크게 고민하고 있지만, 무엇보다 미국에서 일어나는 일에 대해 교회가 어떻게 반응하고 있는지 더 걱정하고 있다. 하나님께서 우리에게 기대하시는 것은 우리가 증오심을 품고 화를 내거나 자기 연민으로 가득 차는 것이 아니다. 우리는 여러 가지 차원으로 대응해야겠지만, 가장 중요한 것은 개인과 교회가 그리스도 안에서 구원하시는 하나님의 은혜에 대한 확실한 증거를 가져야 한다.

도덕적, 정신적으로 무너져가는 나라를 구할 수 있으리라고 생각했던 정치적 해결책은 거의 효과가 없었고, 하나님은 우리를 겸손하게 만들고 계신다. 우리는 생각했던 것보다 문제가 더 심각한 것을 배우고 있다. 따라서 해결책 역시 더 심오해야 한다. 요컨대, 우리는 하나님의 심판을 부르는 흐름에서 우리를 구원할 수 있는 분은 오직 하나님밖에 없음을 알아야 한다.

이 책을 읽으면서 인용된 성경적인 약속들과 우리에게 닥친 거대한 전쟁에 직면하여 격려하는 각 장의 마지막 부분에 깊은 주의를 기울여 주기 바란다. 비록 국가가 선택한 궤적만 보면 희망이 없어 보이지만, 우리의 믿음이 정말로 중요시되는 역사적 시기에 사는 것은 특권이라는 것에 초점을 맞추면서 희망이 솟아나기를 기도한다.

> 소망의 하나님이 모든 기쁨과 평강을 믿음 안에서 너희에게 충만하게 하사 성령의 능력으로 소망이 넘치게 하시기를 원하노라(롬 15:13).

역자 서문

모영윤
전 대우건설 상무 | 필그림선교교회

  이 책은 기독교에 관한 책인 것 같지만 반드시 그렇지 않다. 정치적인 것 같지만 정치적인 것이 아니다. 거짓이 어떻게 세상을 비틀고 있는지 밝히는 책이다. 그러나 역시 교회와 그리스도인에게 특별한 각성과 그리스도의 사랑 실천을 요청하고 있다.

  2012년 2월 털사(Tulsa)에서 이 책을 산 것은 우연이 아닌 것 같다. 이 책을 살 때 출판할 의도는 전혀 없었으며, 거의 9년이 흘러 이 책을 다시 들었을 때도 그런 생각은 전혀 없었고, 더구나 작가도 아닌, 평범한 회사원이었다. 그저 약간의 궁금증을 가진 어린아이 같은 그리스도인이었다. 그래서 이 책의 한국어 출판은 운명이라고 생각한다.

  2012년에는 미국을 보았고, 다시 이 책을 다시 읽은 작년 늦가을에는 우리의 모습을 보게 되었다. 이 시대 흐름의 이면을 보고, 나아가 그 이면의 이면에 웅크린 음산한 존재를 보게 되었다. 그리고 그 존재와 함께 서 있는 무리에 분노했다. 그러나 그들과 함께 서 있는 나를 발견했다. 나 역시 잠자는 어리석은 그리스도인이었다.

1980년부터 2016년까지 미국 시카고 무디교회의 수석목사로 섬겼던 학자 어윈 루처(Erwin W. Lutzer) 박사는 수많은 저술을 하였으며, 특히 앞서 『히틀러의 십자가』를 통해 국가사회주의 나치 독일에서 왜 교회가 '위대하고 영광스러운 독일'이라는 거짓 약속에 미혹 당했는지를 다뤘고, 이 책은 히틀러의 나치 독일의 전략을 선명하게 그려, 미국에 흐르는 전반적인 흐름, 정치 경제 교육 및 문화 그리고 미국 시민들과 교회의 반응에 오버랩했다. 물론 상황이 다르므로 당연히 전개되는 양상도 다르다.

　누구보다 거룩하거나 지식이 풍부하지도 않은 사람이, 훌륭한 저자의 현시대 흐름을 명쾌하게 보여주는 책을 소개하는 것이 누가 되지 않을까 염려스러운 마음도 없지 않았지만, 같은 독자로서 소중한 책을 전달하려는 소망을 널리 이해하여 주시기를 바란다. 휴대하기 좋고, 반복해서 읽기에 좋을 만큼 작은 분량이어서 오히려 다행이다. 작은 책이지만 현시대를 이해하는데 충분한 책이라 생각한다. 우리는 어두워진 미국이나 유럽을 본받을 것이 아니라, 우리와 우리 자손이 살아야 할 이 땅이 온 세계에 빛을 전하는 나라가 되기를 간절히 소망하며, 이 책을 읽어 주신 분들께 머리 숙여 깊이 감사드린다.

　이 책이 출판되도록 격려해 주신 분들, 힘써주신 기독교문서선교회(CLC) 박영호 사장님과 기도에 힘쓰며 항상 응원하는 사랑하는 아내에게 감사하고, 격려해 주신 김성준 담임목사님과 추천사를 써주신 심하보 목사님, 박한수 목사님, 최형유 목사님께 깊이 감사드리며, 이 죄인을 구속하시고 늦은 비를 주시는 하나님께 모든 영광을 드린다.

이 책의 줄거리

나치 독일을 통해 우리가 배울 교훈이 있다. 물론 나치 독일과 미국 사이에서 유사점이 과도하게 표현될 수도 있지만, 그런 위험 때문에 교회가 정체성을 찾기 위해 고군분투하고, 예수를 믿는다는 이유로 고난을 받아야 했던 어두운 시기를 통해 교훈을 얻는 것을 막을 수 없다. 이 책을 읽으면서 여러분은 우리 눈앞에서 나치 독일과 유사한 일들이 미국에서 일어나고 있다는 것을 보고 놀랄지도 모른다.

나는 미국의 정치적 반대자들이 그들에게 동의하지 않는 사람들을 "나치당원"이나 "히틀러"라고 부르는 것은 솔직하지 않다고 믿는다. 나치가 저지른 잔학 행위는 비할 데 없으며, 그런 명칭은 우리의 정치적 논쟁에 맞지 않지만, 나는 나치즘(국가사회주의)이 자생적으로 발생하지 않았다는 것을 보여주고, 이 사상이 대중문화에 의해 널리 퍼져 나가는 것을 가능하게 하는 문화적 흐름이 있으며, 오늘날 미국의 대중이 받아들이는 그 흐름 중 일부가 증거로 존재하기 때문에 이 책을 썼다.

우리는 나치 독일을 생각하면 곧바로 수백만 명의 유대인과 불필요한 사람들에 대한 잔인한 학살을 연상한다. 그러나 우리는 어떤 개인보다 특정 도시, 지역 또는 국가의 집단이 큰 악의 일부가 될 수 있도록 만드는 상황과 널리 수용된 사상이 있다는 것을 깨달아야 한다. 가스실은 공포를 조장하는 특정 정치와 종교적 흐름의 결과다. 홀로코스트 생존자인 빅터 프랭클(Viktor Frankl)은 다음과 같이 말했다.

> 아우슈비츠의 가스실은 인간이 유전과 환경의 산물이라는 것과 나치가 피와 토양이라고 말하는 이론의 궁극적 결과였다. 나는 아우슈비츠, 트레블링카(Treblinka) 및 마이다네크(Maidanek)의 가스실은 궁극적으로 베를린의 일부 정부 부처가 아닌 허무주의 과학자와 철학자의 책상과 강의실에서 준비되었다는 것을 확신한다.[1]

19세기에 하나님이 죽은 후 20세기에는 사람들이 죽었다고 한다. 하나님이 죽었을 때 사람은 길들지 않은 짐승이 된다.

나는 미국 사회가 악한 종족이라는 이유로 수백만의 사람들에게 독가스를 공급할 것으로 생각하지 않는다. 그러나 오늘날 많은 학습 센터에서 독일을 파괴한 것과 같은 가치들을 가르치고 있으며, 우리의 자유는 좀 먹고 있다. 우리의 자유를 수호해야 할 엘리트들이 문화적 흐름에 굴복함으로써 우리를 배신하고 있고, 결국 기적이 일어나지 않는 한 우리는 파괴될 것이다.

나의 전작 『히틀러의 십자가』를 읽은 사람들은 내가 독일의 목사들이 통일되고 용기 있는 목소리로 히틀러를 비난하지 않는 이유가 궁금했기 때문에 나치 독일에 관한 연구를 시작했다고 알고 있을 것이다. 그러나 사실 나는 왜 교회가 "위대하고 영광스러운 독일"이라는 거짓 약속에 미혹 당했는지에 관심이 있었으며, 내가 쓴 다른 어떤 책보다도 이 책은 정부에 대한 충성과 하나님에 대한 더 큰 충성 사이의 갈등을 극복하라고 설득하고자 한다.

우리는 항상 우리 자신이 이 땅 시민으로서의 책임과 천국 시민의 책임 사이에 놓여 있다는 것을 알아야만 한다. 교회는 항상 두 신과 두 십자가 사이에 놓여 있다. 한쪽에는 세상 죄를 대속하기 위해 로마의 십자가 위에서 돌아가신 우리 구주 예수 그리스도의 십자가와 반대편에는 거짓 구원을 약속하는 수많은 아주 작은 신들과 그들이 요구하는 십자가들이 있다. 이 거짓 신들은 대부분 국가에서 구현된다. 그들은 대부분 시저의 복장으로 우리에게 다가온다. 그리고 결국 그들은 종교의 자유를 분쇄하기 위해 노력한다.

오늘날 우리는 그리스도를 다른 종교와 결합하려 하거나 그리스도를 정치적 또는 이념적 과제들과 결합하려는 문화적인 압력을 받고 있다. 나치 독일교회의 경험은 그리스도는 항상 홀로 서 있어야 한다는 것을 상기시켜 준다. 그리스도는 이 세상 정부 지도자와 함께 있는 분이 아니라, 왕들의 왕이자 지배자들의 지배자로서 그들 위에 서 계신 분으로 경배되어야 마땅하다.

나치즘이나 마르크스주의 또는 세속주의든 상관없이 국가는 항상 종교의 자유와 충돌한다. 그리고 국가가 더 많은 권력을 가질수록 교회의 역할을 축소하기 위해 더 많은 법이 제정되고 있다. 이것은 표면상 자유 또는 무엇이 모든 사람에게 최선인가라는 의제로 진행된다. 그러므로 전체주의 국가는 도덕, 진보 및 자유라는 언어로 포장되어 있다. 조지 오웰(George Orwell)의 『동물 농장』(Animal Farm)에서처럼 노예 제도는 자유로, 억압은 평등과 공정성의 추구로 정의된다.

나는 산타야나(Santayana)가 말했듯이 역사를 무시하는 사람들은 그것을 반복할 수 밖에 없고, 미국교회가 현재의 투쟁을 위해 나치 시대를 공부하지 않으면 우리는 결국 유기될 것이라고 믿는다. 앞으로 살펴보겠지만, 우리는 나치 시대를 공부함으로써 다가오는 미래에 대비할 수 있을 것이다.

1970년대에 프랜시스 쉐퍼(Francis Schaeffer)는 "언젠가 우리는 깨어나 한때 우리가 알고 있었던 미국이 사라졌음을 발견할 것이다"라고 말했다. 그날이 바로 오늘이다. 미국에 흑암의 시기가 다가오는 것을 알기 위해 예언자가 될 필요도 없다. 우리가 한때 우리의 자유라고 생각했던 자유가 사라지고 있다는 불길한 징후가 있다. 세속주의의 힘은 필연적으로 모든 사람이 따를 것으로 예견되는 전체주의 국가로 이어진다.

우리는 무엇을 해야 할까?

그저 서로 손을 잡고 그리스도의 재림을 기다려야 할까?

그리스도의 재림은 모든 그리스도인의 소중한 꿈이지만, 그 전에 우리는 해야 할 일이 있다. 다가오는 미래를 두려워하지 않고 좌시하지 않으며 꾸준한 헌신으로 하나님께 영광을 돌릴 기회로 삼아야 한다.

우리는 국가의 법에 대한 충성보다 그리스도에 대한 충성을 우선시했던 다른 그리스도인들의 발자취를 따라갈 의무와 특권이 있다.

그들은 아무런 희생 없이 주님께 드려지지 않았다. 승리한 자는 우리 주 예수 그리스도의 상을 받을 것이다. 그래서 나는 여러분을 나치 독일로 가는 여행에 초대한다.

왕 중의 왕, 지배자 중의 지배자이신 예수를 믿는 우리의 신앙에 대해 더 큰 이해와 감사를 가져올 여행!

우리가 예수 그리스도를 위해 어려운 선택을 하도록 그리고 우리가 이미 알고 있는 것을 다시 점검하는 여행으로!

WHEN A NATION FORGETS GOD

제1장
심판이 따르는 정부

　히틀러는 침례(세례)를 받은 가톨릭 신자였지만 기독교적 신앙심은 없었다. 그는 교회의 생활 방식이나 가치가 다른 사람들에게 영향을 미치지 않는 한 그리스도인들이 교회에 참석하는 것을 방해하지 않았다. 그는 교회가 나치 독일 국민의 선과 조화를 이루는 것을 가르친다면 교회의 특정 교리를 방해하지 않을 것이라고 선언했다. 그는 이것을 "긍정적인 기독교"라고 불렀다.

　반면에 그는 반대자들, 그의 비전 소위 "이빨 없는 기독교"에 합류하지 않는 교회에 대해서는 사실상 급여를 통제하고 협박과 회유로 무너뜨렸다. 히틀러는 개신교 목사들을 조롱하면서 "그들의 천박한 급여"를 얻기 위해 움츠린 개들이라고 비난했다.

　히틀러는 처음부터 기독교가 국가의 정책이나 공공의 영역에 영향을 미치지 못하도록 소외시키려 했고, 예배는 사람과 하나님 사이에 사적인 것으로 공적 영역에 개입해서는 안 된다고 했으며, 교회가 "국가 정책을 비판하는 것을 금지"해야 한다고 말했다. 국가는 모든 기독교 신념과 가치를 깨끗이 제거해야 했다. 공식적인 국가 정책은 히틀러가 독일을 위해 "최선"의 일을 하도록 그에게 자유를 주기 위해서는 어떤 희생을 치르더라도 인본주의 원칙에 따라야 했다.

독일인들은 수 세기 동안 성탄절과 부활절을 지켜왔기 때문에 히틀러는 그 의미를 바꿔야 했다. 성탄절은 완전히 이교도 축제로 바뀌었고, 실제로 그 날짜는 적어도 친위부대의 경우, 동짓날인 12월 21일로 변경되었다.

학교에서 기도는 금지되었고, 캐롤과 성탄절 놀이도 금지되었으며, 1938년에 크리스마스라는 이름도 게르만인의 축제인 율타이드(Yuletide)로 바뀌었다. 교실에서는 십자가가 제거되었다. 부활절은 봄의 도착을 알리는 휴일로 바뀌었다. 종교는 부활한 독일의 더 큰 이익을 위해 국가의 정책에 맞게 세속화되어야 했다. 대부분 교회는 문화적 흐름에 굴복하고 정부 정책과 일치하는 "긍정적인 기독교"를 지지했다.

> 율레(Yule) 또는 율타이드(Yuletide)는 역사적으로 게르만 민족의 축제다. 학자들은 율레의 원래 축제를 와일드 헌트, 오딘 신, 이교도 앵글로색슨 모드라니트로 연결시켰다(모드라니트[Mōdraniht]: "어머니의 밤"[Night of the Mothers]은 앵글로색슨 이교도들이 크리스마스 이브에 개최하는 행사-역주).

물론 히틀러는 그의 진정한 의도를 숨기고 밝히지 않았다. 그는 수상으로 선출된 직후 기독교에 대해 독일 "국민의 영혼을 보호하기 위한 필수 요소"라며 찬사를 보내며 교회의 권리를 존중하겠다고 약속했다. 그는 "교회와 국가 간의 평화 협정"을 맺으려는 꿈을 선언했다.[1] 그리고 그는 교황 비오 12세와의 관계를 개선하려는 뜻도 표명했다. 그는 자신의 종교적 공감을 보여주기 위해 교회에서 걸어 나오는 자신의 사진을 게시하기도 했다.

히틀러는 교회가 "국가를 파괴하는 행위를 하지 않는 한" 기꺼이 자유를 주겠다고 말했다. 물론 무엇이 파괴적인가에 대한 히틀러의 정의는 따로 있었다. 가톨릭교회의 자유를 보장하는 것처럼 보이기 위해 바티칸과 조약을 체결할 뿐만 아니라 이처럼 제한된 약속은 환영을 받았다.

당 강령 제24조는 "독일 민족의 도덕적 감정에 위험을 끼치지 않으면 국가의 모든 종교 교파에 대한 자유"를 보장한다고 명시했다. 히틀러는 독일의 투쟁에 이바지할 "긍정적인 기독교"에 대해 만족스러워했다. 그는 유화적인 모습을 보임으로써 호의도 얻었다. 교회는 히틀러가 "자유와 관용"이라는 말을 사용하는 것이 기뻤다. 히틀러는 그들에게 자신이 독일을 위해 "최선"을 다하고 있다고 선전했다. 물론 "최선"에 대한 히틀러의 정의는 성경이나 교회나 자연법에 따른 것이 아니었다.

당시 독일인들은 "두 영역"의 교리에 익숙해졌는데, 그리스도는 교회의 주인이지만, 카이사르는 정치 영역을 지배한다는 것이며, 정치권에 대한 충성은 하나님께 대한 충성만큼이나 높고 명예로운 의무였고, 실제로, 국가에 대한 충성을 통해 하나님께 충성한다고 생각했다.

루터교회 내에서는 성경적 경건으로의 복귀, 즉 마음속 하나님에 대한 경배를 주창하는 강력한 경건주의 운동이 있었다. 그들 대부분은 성경 연구(특히 자유주의적인 것들)에 반대했고 독일 내 지적 신학적 논쟁에서 떠났다. 그들은 그리스도의 구원에 대한 은혜를 증언했지만, 교회의 사명은 단지 그리스도를 선파하는 것이라고 믿었다.

경건은 그리스도에 대한 개인적 헌신에 중점을 둔 주류 루터교회에 영적 생명을 주입하는 데 사용되었다. 그러나 그들의 신앙은 사적이므로, 정치적 영역으로 가져와서는 안 된다고 주장함으로써, 경건주의는 나치의 흐름을 막는 데 거의 영향을 미치지 못했다.

따뜻한 마음을 유지하기 위해 단순히 성경 연구만을 계속했던 그들은 나치 정권을 의무적으로 용인함으로써 절반의 권리만 얻었다고 칭찬받아야 할 것이다. 분명히 그들은 성경 연구를 중단하고 정권을 열렬히 지지한 사람들보다 훨씬 더 나았다. 이 경건한 그리스도인들은 히틀러를 반대하지 않으면 히틀러도 그들을 상관하지 않으리라 생각했지만, 곧 그것이 불가능하다는 것을 깨달았다. 히틀러는 공립학교에서 어린이들을 세뇌하도록 압력을 가했으며, 교회는 문화적인 압력 때문에 성도들 주변에서 일어나는 박해에 맞서 싸울 조직을 갖추지 못했다.

1. 교회의 이용

히틀러는 교회를 파괴하기에 앞서 자신의 목적을 위해 교회와 평화를 맺고 이용하기로 했다. 1933년 3월 21일 포츠담에 있는 개리슨 교회(Garrison Church)에서 독일 의회의 첫 회기를 열고 인상적인 광경을 연출했다. 히틀러는 화려하고 엄숙한 의식 가운데 보수의 길을 따라 교회와 조화를 추구할 수 있다고 국민을 확신시키려 노력했다. 법안 통과를 위한 의석 확보를 위해 일부 야당 의원들의 체포 및 위협이 있었고, 개회 이틀 후 1933년 3월 23일, 독일 의회는 소위 수권법을 통과시켰고, 이 법에 따라 독일 의회는 나치당을 위한 홍보 담당 기구로 전락하였고, 마침내 그는 그해 7월 나치를 독일의 유일한 정당으로 선포했다.

> 수권법(Enabling act): "국민과 제국의 고통을 치료하기 위한 법률"이라는 제목으로 독일 의회의 개입 없이 법을 제정할 수 있도록 내각(히틀러)에 전권을 부여하고 시민의 자유를 폐지하고 국가의 권한을 제국 정부에 이전했으며, 그날 늦게 폴 반 힌덴부르크(Paul Von Hindenburg) 대통령이 서명했다. 이 법안은 독일 의회에 의해 갱신되지 않는 한 4년간 지속될 것이라고 명시했다. 히틀러는 또한 실업 종식을 약속하고 프랑스, 영국 및 소련 러시아와의 평화 증진을 약속하고 이 모든 것을 하기 위해 먼저 수권법이 필요하다고 말했다. 정부는 이 권력들을 꼭 필요한 조처를 하는 데 필수적이고 제한적으로 사용할 것이라 약속하였으나 그 약속은 지켜지지 않았다-역주.

히틀러는 처음에는 교회에 대해 회유책을 펼쳤지만, 나중에는 교회를 없애려고 노력했다. 그는 결국 교회의 철저한 변화를 통해 기독교의 모든 흔적을 지우기를 원했다. 교회에는 십자가와 만자(나치 문양) 모두를 위한 충분한 방은 없었다.

히틀러는 스스로 생각하기를 "한 신이 다른 신을 지배해야 한다." 그의 목표는 그가 생각한 만큼 쉽지는 않겠지만, 교회의 약점을 생각할 때 가능할 것처럼 보였다.

2. 마틴 니묄러 목사와 히틀러의 만남

마틴 니묄러(Martin Niemoller) 목사와 디트리히 본회퍼(Dietrich Bonhoeffer) 목사는 히틀러가 교회 일에 개입하는 것을 반대했다(이 책의 후반부에서 이 두 사람에 대해 더 자세히 다룬다). 히틀러는 일부 목사들이 자신의 정책을 반대하여 교회가 분열될 수 있다는 보고를 듣고 1934년 1월 25일 개인 회의에 니묄러 목사가 포함된 교회의 지도자들을 소집했다. 니묄러 목사와 다른 성직자들은 친위대를 지나 베를린의 수상 관저로 걸어가 히틀러의 서재로 안내되었다.

히틀러는 손님들을 힐난하면서 자신이 어떻게 오해받고 있는지에 대해 격렬한 비난을 퍼부었다. 그는 "평화"! 내가 원하는 것은 "교회와 국가 사이의 평화"라고 말하면서 그것을 이루기 위해 노력하는 자신을 방해한다고 했다.

1) 당신들은 교회에만 전념하라!
    독일인은 내가 돌보겠다 - 히틀러

니묄러 목사가 발언할 기회가 왔을 때 그의 유일한 목적은 교회, 국가 및 독일인들의 행복이라고 설명했다. 히틀러는 침묵 속에 귀 기울인 후 말했다.

"당신은 당신 자신을 교회에 국한하라! 독일 국민은 내가 돌보겠다."

그리고 대화는 다른 주제로 흘러갔다.

회의가 끝나 히틀러는 성직자들과 악수했고, 니묄러 목사는 이때가 그의 마음을 전할 마지막 기회라는 것을 깨달았다. 그는 신중하게 말을 골라 히틀러에게 말했다.

> '당신은 독일 사람들을 돌볼 것'이라고 했다. 그러나 우리도 그리스도인으로서 독일 국민에 대한 책임이 있다. 그 책임은 하나님에 의해 우리에게 맡겨졌으며, 당신과 이 세상 누구도 우리에게서 그것을 빼앗아 갈 권한이 없다.[2]

히틀러는 말없이 돌아섰다.

그날 저녁, 8명의 비밀 경찰이 니묄러 목사의 범죄 혐의를 찾기 위해 목사관을 샅샅이 뒤졌고, 며칠 후에는 홀에서 사제 폭탄이 폭발했다. 흥미로운 것은 아무도 신고를 하지 않았는데 경찰이 즉시 현장으로 달려왔다. 니묄러 목사는 이런 위협보다 히틀러를 강력히 반대한 자신을 비판하는 동료들의 비판이 더 견디기 힘들었다.

2) 그들의 처지에서 물어보자, "나는 무엇을 했을까?"

당시 일부 교인들이 나치즘에 어떤 반응을 보였는지에 대한 증언을 읽어보고 그들의 처지에서 물어보자.
"나는 무엇을 했을까?"

> 나는 나치 홀로코스트가 진행되는 동안 독일에 살았다. 나는 자신을 그리스도인으로 여겼다. 우리는 유대인들에게 어떤 일이 일어나고 있는지 이야기를 들었지만, 그 누구도 멈추게 할 수 있는 일이 아니었기 때문에 그런 일에 거리를 두려고 노력했다.
>
> 작은 교회 뒤로 철길이 있었고, 일요일 아침에 멀리서 기적 소리가 들리고, 다음에는 선로를 통해 오는 기차 바퀴가 소리가 들렸다.
>
> 우리는 기차가 지나갈 때 들려오는 울부짖는 소리를 들었을 때 불안에 빠졌다. 우리는 기차로 유대인을 소처럼 운반하고 있다는 것을 깨달았다!
>
> 매 주일 아침에 기적 소리가 날 것이고, 우리는 죽음의 수용소로 가는 유대인의 울부짖는 소리가 들릴 것을 알았기 때문에 기차 바퀴 소리를 듣는 것이 두려웠다. 그들의 비명은 우리를 괴롭혔다.

우리는 기차가 오는 시간을 알고 있었으므로, 기적 소리가 들리면 찬송가를 부르기 시작했다. 기차가 우리 교회를 지나갈 때는 최대한 목청을 돋우었고, 비명이 들리면 더욱 큰 소리로 찬송을 부르자 더는 비명이 들리지 않았다.

몇 년이 지난 지금 누구도 더는 그 일에 관해 이야기하지 않았다. 그러나 나는 아직도 내 꿈속에서 그 기차의 기적 소리를 듣는다. 하나님, 저를 용서해 주세요. 자신을 스스로 그리스도인이라고 부르면서 아무것도 하지 않은 우리 모두를 용서해 주세요.³

우리는 당시 독일교회를 너무 비판해서는 안 된다.
그런 박해를 당했을 때 우리는 어떻게 했을까?
국가의 정책이 악할 때 우리는 어떻게 해야 할까?
오늘 우리가 무시하는 사이 어떤 기차가 기적을 울리면서 우리를 스쳐 지나가고 있지 않은가?
대답하기가 쉽지 않다. 그러나 이 질문은 그때와 마찬가지로 오늘날 우리와 연관되어 있다.
하나님을 의식적으로 정책에서 배제한 정부에 대하여 교회의 역할은 무엇일까?
히틀러가 자신이 독일 국민을 돌볼 책임을 수행하는 동안 니묄러 목사에게 교회를 돌보는 일에만 전념하라고 하는 것이 옳았을까?
아니면 교회는 독일 국민에게도 책임을 져야 한다고 주장하는 니묄러 목사가 옳았을까?

히틀러는 모든 적대적인 정부가 그들에게 동의하지 않는 사람들에게 대응하는 것과 같은 방식으로 교회에 대응했다. 그는 새로운 법을 쏟아부었고, 그런 법을 어기는 목사와 교회 지도자들을 고발했다. 무조건 하나님이 정부 정책과 분리되도록 공공 광장에서 쫓아내야 했다. 그리스도인의 용기 있는 목소리는 침묵했다. 국가사회주의 정책을 위한 길을 만들기 위해 하나님을 배제해야 했다.

나중에 니뮐러 목사는 그의 교회에서 감히 정권을 비난하는 설교를 했다는 이유로 오늘날 우리가 "증오심 표현"이라고 부르는 죄로 투옥됐다. 특히, 그에 대한 기소 이유는 "악의적이고 도발적인 비판으로, 정치 지도자들에 대한 국민의 신뢰를 훼손하기 위해 계산된 종류"의 "강단의 남용" 죄를 저질렀으며, "국가의 관심 사항에 관여했으며," "국가와 당을 위험하게 하는 공격 예방에 관한 새로운 법률을 위반했다"는 것이었다.[4]

솔직히 그는 당연히 교인들이 들어야 한다고 믿는 것을 설교한 것뿐인데 징역형을 선고받고 강제 수용소에 수용되어 연합군에 의해 해방될 때까지 다하우 수용소에 수용됐다.

히틀러는 항상 적을 정복하는 가장 좋은 방법은 적을 분리하는 것이라고 말했다. 그는 단순히 "하나님을 믿는 자들"(그는 성경적 본질이 없는 한 하나님이라는 단어를 기꺼이 사용했다)이라고 불리는 운동을 장려했는데, 이것은 개인들이 교회를 떠나도록 설득하기 위해 고안된 정책이었다. 설득력 있는 논거는 교회에 대한 대안이 있다는 것이었다.

주 정부는 유아를 헌신하는 의식을 거행할 수 있었다. 주 정부는 그리스도인들의 축하 없이 자체 휴일을 가질 수 있었다. 주 정부는 교회를 대신해 원하는 사람들을 위한 결혼식을 거행할 수도 있었다. 부부는 운명이 성취될 때까지 어머니 땅과 아버지 하늘의 축복을 주기적으로 기원했다. 같은 방식으로, 오늘날 동성 결혼 지지자들은 결혼은 종교 단체의 축복 없이 할 수 있다고 말한다. 그것은 종교적 의미와 분리된 순전히 세속적인 행동일 수 있다.

나치 독일 사람들에게 세속주의가 강요되었다. 사적 믿음과 강단에서 허용하거나 허용되지 않아야 할 말에 관한 법률을 제정해 교회의 역할을 최소화했다. 세속적인 강압에 반대하는 종교 지도자들은 그들과 그들의 가족에 대한 위협에 겁을 먹었다. 하나님과 종교가 제거된 정부는 히틀러의 사회주의 가치로 채워졌다. 교회는 점점 더 국가의 적이 될 것이다.

이 모든 것이 자유, 평화 및 공정과 같은 코드 단어 아래에서 발생했음을 명심해야 한다. 사람들은 이런 변화가 최선의 이익을 고려해서 이뤄졌다고 믿었다. 독일의 더 큰 이익이라는 것이 개인의 자유와 반대의 권리를 잠식했다. 모든 사람은 수용된 문화적인 가치와 목표에 동조해야 했으며 정권에 반대한 사람들은 대가를 치러야 했다.

3. 미국은 어디로?

헌법에서 언론의 자유가 명백히 부여된 미국은 나치 독일의 세속적 국가를 통하여 배울 것이 거의 없다고 생각한다면 다시 생각해야 한다. 공적 영역에서 진리가 거부되면 국가는 거짓말을 하기 위해 자연 법칙에 의존하거나 더욱 부정적으로 될 것이다. 세속적 가치는 "자유"라는 이름으로 사회에 강요될 것이다. 순수한 인도주의적 가치에 따라 미국을 개편하기 위해 헌신하는 우리의 사회 계획자들은 하나님과 종교가 정부에서 제거되어야 한다는 히틀러의 의견에 동의한 거와 다르지 않다.

'미국시민자유연맹'(ACLU: American Civil Liberties Union)은 하나님이 정부뿐만 아니라 생활의 모든 영역에서 분리되어야 한다고 믿는다. 종교, 특히 기독교는 정부, 법률, 교육 및 직장에서 반드시 몰아내야 한다는 것이다.[5]

따라서 소위 공공 광장에서 종교적 가치의 상징이 사라진 상태에서 그 빈자리는 세속적인 가치 "인간 생명의 경시(낙태와 안락사), 모든 형태의 부도덕성(동성 결혼 포함), 그리고 학생들의 성애화(흔히 포르노와 전통적 가치의 조롱)"로 채워졌다. 이 세속주의는 종교적으로 중립적이지도 않고 유일하게 실행해야 할 요소로 사회에 부과되고 있다. 따라서 세속주의가 최상의 지배가 되도록 이런 변화에 대한 효과적인 반대를 저지하기 위한 법이 제정되고 있다. "우리 역사의 일부였던 자유는 종교가 '부적절'과 '무능'의 코드인 '사적'으로 지정됨에 따라 철회될 수 있다."

독일에서 기독교 휴일을 이교도 문화로 바꿨던 것처럼, 우리는 공공장소에서 종교적 상징이 체계적으로 제거되는 것을 목격했다. 처음에는 크리스마스트리에 달린 십자가였고, 다음은 크리스마스트리 자체가 논쟁의 핵심이 되었다. 공립학교는 크리스마스 축하 행사에서 더는 크리스마스를 언급하지 않는다. 대신에 그들은 "겨울 프로그램" 또는 "겨울 방학"과 같은 용어를 사용한다. 교육위원회가 학교 크리스마스 프로그램을 "겨울 프로그램"으로 이름으로 바꾸겠다고 결정하자 한 학군의 교사들은 학생들이 학교 운동장에서 크리스마스라는 단어를 사용하지 못하도록 했다.[6]

미국시민자유연맹은 학생들에게 크리스마스가 종교적인 휴일이라고 말하는 모든 선생님을 위협할 준비가 되어 있다. 선생님은 점심시간에 식사 기도하는 유치원생의 어깨를 두드리면서 "학교에서는 그렇게 해서는 안 된다"라고 말한다. 미국의 번영, 자유 및 관대함이 하나님에 대한 믿음에 뿌리를 두고 있으며, 성경을 하나님의 말씀으로 존중하는 국가로 건국되었다는 설득력 있는 주장에도 불구하고 이 모든 것이 가능하다.

4. 중국의 종교 자유

1985년 내가 가족과 함께 중화인민공화국에 있었을 때, 우리는 여행 안내자에게 종교의 자유에 관해 물었다. 그녀는 "중국 사람들은 종교의 자유를 가지고 있다. 그들은 자신의 마음속에서 원하는 만큼 자유로울 수 있다"라고 대답했다. 그렇다면 종교의 자유는 우리의 생각과 아마도 사적 대화 안에서만 종교를 행사할 자유로 새롭게 정의될 것이다. 우리 미국 대법원장 중 한 명은 법정은 사적으로만 탐닉하는 "포르노그래피" 같은 종교를 가지게 될 것이라고 한탄했다.[8]

정부가 하나님을 배제하면 초월적 가치는 다음과 같은 것들로 대체된다.

첫째, 힘의 원시적 사용
둘째, 성애주의
셋째, 독단적 사법 판결
넷째, 개인적 실용주의 도덕

절대적 가치가 사라지면, 사회의 통일성은 분열과 개인적 "권리"의 요구에 부딪혀 위협받을 것이다. 미국인들의 오랜 생활의 특징인 문명은 중상모략과 반대자들을 파괴하려는 욕망으로 퇴보했다. 도스토예프스키가 한 유명한 말처럼 신이 존재하지 않을 때는 무엇이든 가능하다.

정치적 올바름(Political Correctness)은 이제 일반 문화에 영향을 미쳤으며 검열과 두려움의 분위기를 조성했다. 수년 전에 말콤 머게리지(Malcolm Muggeridge)는 다음과 같이 말했다.

> 이 모든 것은 놀랍게도 모든 인류의 건강, 부, 행복 그리고 평등이라는 이름으로 진행되고 있다.[9]

존 화이트헤드(John Whitehead)의 말처럼 "종교적 발언과 그 다양한 표현에 대한 올가미는 점점 더 옥죄어 오고 있다."[10] 앞서 언급한 것처럼 "증오 범죄"(hate crimes) 법은 미 상원과 하원 모두에서 통과되었다. 상원 버전(version)에는 종교 기관에 대한 면제가 포함되었지만, 이 특별 면제는 하원을 통과한 법안과 절충할 때 다소 약화되었다.

결론은 "증오 범죄"가 "증오 발언"과 연결되어, 우리의 수정 헌법 제1조의 권리가 축소되면서 우리는 위험한 길을 가고 있다. 따라서 특정 계층의 사람들은 법에 따라 특별 대우를 받는다. "증오 범죄" 다음 단계는 법원이 "국내 테러"라고 부르는 "증오 발언"을 유죄로 간주하여 사람들을 기소하는 것이다. 따라서 우리가 생각하는 것과 말하는 것은 모두 기소될 가능성이 있다. 이 나라의 "증오 발언"은 나치 독일과 같은 의미다. 간단히 말해서, 그것은 정부가 표현해서는 안 된다고 생각하는 의견을 말하는 것이다.

이슬람 공동체가 증오화 법안을 지지하는 것은 어쩌면 당연하다. 영국인들은 이슬람교도들에 대한 "혐오 발언"의 이슈들에 대해 열띤 토론을 하고 있다. 유럽은 이미 이슬람을 비판할 자유를 잃어버렸다. 몇 년 전(폭동으로 1백 명이 넘는 사람들이 죽었을 때)의 만화 논쟁에 대한 강렬한 반응과 "증오 발언"에 반대하는 법 때문에 유럽인들은 마비되어 미래에 대한 중요한 주제조차도 그들의 의견을 말할 수 없다. 우리는 다음 장에서 이 주제를 다룰 것이다.

10년 전, 화이트헤드는 미국에 관해 말하면서 다음과 같이 말한다.

> 시민들은 행동할 힘이 점점 더 사라지는 것을 느끼고 있다. 실제로, 현대의 정부가 과거의 정부보다 훨씬 더 영향력이 확대되었기 때문에 더 심각한 위협을 가하는 경우가 많다. 현대 복지 국가는 시민들의 요구에 부응하여 삶 전체를 점점 더 많이 통제한다.[11]

10년 전과 비교하여 오늘날 복지 국가가 얼마나 다른가 생각해 보기 바란다. 국가가 우리의 자유를 침해함에 따라 "영적 영역"은 계속 줄어들고, 우리의 자유는 서서히 감소할 것이다. 국가를 넘어서는 주권은 없다는 개념인 국가주의에서는 항상 개인의 자유가 축소되는 쪽으로 작용할 것이며, 누구도 도망하거나 숨지 못할 것이다. 어떤 사람은 "국가주의"는 "현대의 황금 송아지다"라고 했다.

5. 오싹한 우리의 미래

우리는 미래에 무엇을 기대할 수 있을까?

미국에서는 아마도 하룻밤 사이에 전체주의 혁명이 일어나지 않을 것이다. 그러나 화이트헤드가 예견한 바와 같이 "오히려 더 큰 통제와 개별 시민의 조작을 위한 정부, 미디어 그리고 국가 통제 교육의 현재 추세는 계속될 것이다."[12] 오늘날 우리 정부는 대중 커뮤니케이션 자원, 익명의 전산화 관료, 또 은행과 회사를 국유화하는 능력에 이르기까지 전 세계에 알려지지 않은 조작 도구를 가지고 있다.

화이트헤드가 쓴 것처럼 "미디어는 여론에 영향을 미치는 것 이상으로 전체 세대의 양심과 세계관을 바꾸는 데 영향을 미친다."[13] 이 모든 것은 우리의 이익을 위한 것이라고 주장하며 우리를 속일 것이다. 그것은 다수의 이익을 위한 것이며, 그것은 "자유"와 "공정" 그리고 "관용"을 위한 것이라는 것이다.

C. S. 루이스(C. S. Lewis)는 다음과 같이 예언했다.

> 모든 폭정 중에서, 진심으로 피해자들을 위해 행사된 폭정이 가장 억압적일 수 있다. … 우리 자신의 선의를 위한다고 우리를 괴롭히는 사람들은 스스로 양심의 허락을 받아 우리를 끝없이 괴롭힐 것이다. … 그러나 현실적으로 우리는 인도주의적 처벌 이론으로 무장한 나쁜 통치자의 출현 가능성에 처할 것이다. … 우리는 이미 종교를 정신신경증으로 간주하는 심리학 학교가 있다는 사실을 알고 있다. 이 특별한 정신신경증이 정부에 불편해질 때, 정부가 "치료"를 진행하는 데 있어 방해되는 것은 무엇일까? 물론 그런 "치료"는 강제적일 것이다. 그러나 인도주의 이론 아래 그것은 "박해"라는 충격적인 이름으로 불리지 않을 것이다.[14]

6. 우리가 행동할 때는?

지난주에 나는 플로리다 교장과 체육 선생이 학교에서 점심 식사 기도를 했다는 이유로 감옥에 갈 수 있다는 기사를 읽었다. 「워싱턴 타임스」는 다음과 같이 보도했다.

> 교장과 체육 선생이 학교 행사에서 식사 전에 기도한 범죄 혐의로 기소돼 6개월간 감옥에 수용될 수 있다. … 그들은 미국시민자유연맹과 작년에 합의된 소송 해결 조건을 위반한 혐의로 기소되었다.[15]

앞으로 더 많은 그런 기사들을 예상할 수 있다. 미국인으로서 우리는 수정 헌법 제1조가 하나님을 믿는 모든 사람에게 무신론자와 불가지론자들이 거부권을 행사해도 된다는 것을 의미하지 않는다는 것을 명심해야 한다.[16] 우리는 "민간 불복종 신학"을 개발해야 한다. 즉, 우리는 이 질문을 통해 생각할 필요가 있다.

우리는 언제까지 자유의 축소를 용납하고 어떤 시점에서 말하고 행동해야 할까?

물론 그것은 이 책의 범위를 벗어난다. 그러나 니묄러 목사와 같은 사람들이 우리에게 길을 안내하고 있다.

7. 니묄러 목사의 심정으로

니묄러 목사는 오늘날 미국에 사는 우리에게 말하고 있다. 물론 그는 이 말을 할 때 자신의 교회와 독일 사람들을 생각하고 있었지만, 우리 역시 마찬가지다. 1934년 초에 그는 베를린 교외 달렘(Dahlem)에 있는 그의 교회에 강단을 설치하고 독일교회가 처한 시련에서 하나님의 목적을 예언적으로 선언했다.

모든 교회와 공동체는 유혹자의 체에 던져졌고, 사탄은 체를 흔들고 바람이 불고 있다. 이제 우리는 알곡인지 쭉정이인지 분명하게 드러날 것이다! 진실로, 우리에게 체질하는 시간이 왔고, 우리 중 가장 게으르고 평화로운 사람조차도 명상적인 기독교의 평온이 끝났음을 알아야 한다 … 지금은 희망적이고 기대되는 기독교 교회의 봄이며, 시험의 시간이며, 하나님은 사탄에게 자유를 주셨고, 사탄은 우리를 흔들어 우리가 어떤 사람인지 보여줄 수 있다! … 사탄은 체를 흔들고 기독교는 이리저리 던져진다. 그리고 고난받을 준비가 되지 않은 사람, 자칭 그리스도인이라는 사람들은 오직 자신의 종족과 국가만을 위해 좋은 것을 추구했기 때문에 그의 나라는 세월의 바람에 쭉정이처럼 날아가 버린다.[17]

그렇다. 하나님께서는 알곡과 쭉정이를 분리하고 계신다. 지금은 망설일 때가 아니다. 그리스도인으로서 우리의 역할을 기쁨으로 받아들일 때다.

우리는 우리의 자유에 대한 모든 도전으로 인해 그리스도에 대한 사랑과 복음을 증명할 또 다른 기회가 왔다. 본회퍼 목사는 고난을 신성한 선물로 여길 때까지는 절대로 승리하는 교회가 되지 못할 것이라고 말했다.

> 그리스도를 위하여 너희에게 은혜를 주신 것은 다만 그를 믿을 뿐 아니라 또한 그를 위하여 고난도 받게 하려 하심이라(빌 1:29).

지금은 특별히 적대적인 이교도 문화에 살던 신자들을 위해 쓴 베드로전서를 다시 읽을 때다. 당시 정부에는 그들의 사건을 변론하는 대표자가 없었다. 그들은 미국처럼 악한 자들을 "투표로 쫓아낼 힘"도 없었다. 그들에게는 공정한 청문회를 제공할 법정도 없었다. 박해, 협박 및 박탈이 있었으며 때로는 죽기까지 했다.

베드로전서에서는 그들에게 이렇게 말한다.

> 사랑하는 자들아 너희를 연단하려고 오는 불 시험을 이상한 일 당하는 것 같이 이상히 여기지 말고, 오히려 너희가 그리스도의 고난에 참여하는 것으로 즐거워하라 이는 그의 영광을 나타내실 때에 너희로 즐거워하고 기뻐하게 하려 함이라, 너희가 그리스도의 이름으로 치욕을 당하면 복 있는 자로다. 영광의 영 곧 하나님의 영이 너희 위에 계심이라(벧전 4:12-14).

우리는 단순히 정치(중요하지만)나 논쟁으로 이 전투에서 승리하지 못할 것이다.

이런 도전에 처할 때, 우리는 이 문화 전쟁에서 오직 반대 진영의 사람들을 강화할 뿐인 비판적인 분노로 반응하려는 잘못된 유혹을 받는다. 그러나 우리는 그 반대로 행동해야 한다. 겸손한 사랑과 자비로운 용기로 행동해야 한다.

우리는 단순히 정치적이거나(중요하지만) 또는 논쟁으로 이 전투에서 이길 수 없다. 모든 그리스도인은 신뢰와 친절과 기쁨으로 높은 고지를 회복해야 한다. 우리는 그것이 우리의 발아래로 지나갈지라도 하나님에게 감사함으로 고지에 서 있어야 한다. **우리는 감히 카이사르가 하나님의 자리를 차지하게 둬서는 안 된다.**

니묄러 목사는 주장했다. 우리는 알곡과 쭉정이를 분리하는 채로 걸러지고 있다. 나치 독일이든 미국이든 믿는 자들은 복음을 전하는 척하면서 침묵을 지킬 수 없다. 물론 복음은 인간의 마음을 변화시킬 수 있는 그리스도의 십자가이기 때문에 그것을 전하는 것은 우리의 주요 책무다. 마찬가지로 우리가 그리스도를 통해 구원의 선물을 받았으면 우리 삶의 모든 영역에서 십자가의 의미를 살려야 한다. 우리는 모든 "영역"에서 그리스도이신 주님께 복종할 준비가 되어 있어야 한다.

우리는 여러 방법으로 도전에 대응해야 한다. 우리는 우리의 역사와 정부, 법원이나 학교에서 일어나는 일에 대해 시민들을 교육해야 한다. 우리는 정치인들이 이런 문제를 어떻게 생각하는지 알아야 하며 우리의 가치에 가장 잘 맞는 사람들에게 투표해야 한다.

그리고 복음 선포를 위한 언론 매체가 정부의 간섭을 받지 않도록 전념하는 워싱턴에 있는 '국립종교방송'(National religious Broadcasters, www.nrb.org)과 같은 우리의 자유를 보존하기 위해 노력하고 있는 단체들도 지원해야 한다.

마지막으로, 다가올 환난 날에 대비하여 우리 교회의 믿는 사람들을 강화해야 한다. 앞서 언급했듯이, 미국의 미래는 궁극적으로 정치인이 아니라 우리를 구원한 그리스도의 확실한 증인으로서 우리의 믿음을 공유하는 그리스도인의 열정에 달렸다. 문화가 변하지 않으면 미국은 변하지 않을 것이다. 그리고 그런 변화는 한 사람의 삶과 하나의 가족 및 하나의 공동체에 동시에 가져오는 것이 가장 좋다.

WHEN A NATION FORGETS GOD

제2장
문제는 경제

이 시나리오를 상상해 보자.

인플레이션은 통제 불능이고, 빵, 우유 및 채소의 가격(가능한 경우)은 수천 달러에 달한다. 지급 불능의 급여와 노동 수요로 인해 공공시설이 폐쇄되면서 양초와 가연성 가구로 열과 전기를 대체하고 있다. 그리고 이런 "수요"는 두려움과 좌절에 휩싸인 폭증하는 인플레이션 사이클에서 발생한다. 실업률은 무서운 속도로 매일 계속 증가하고 있다.

질병이 만연하고, 병원은 문을 닫았을 뿐만 아니라 버려졌다. 특권을 가진 소수의 사람이 약(또는 무엇이든지 남은 것)을 비축하거나 물물교환으로 거래를 하고 있으며, "부유층들"은 공동체와 거리를 돌아다니며 재산을 무작위로 파괴하고 도둑질하는 "가난한 자"들에게서 부자들을 보호하기 위해 출입이 제한된 공동체나 자경단원 그룹 뒤에 숨어 지낸다. 구멍 뚫린 국경으로 멕시코의 마약왕들이 몰려와 파괴를 일삼고 혼란 속에 도둑질할 물건을 찾는다.

문명 사회의 인프라가 급격히 붕괴됨에 따라 학교, 경찰, 소방 및 비상 네트워크와 같은 대부분의 공공 서비스가 중단되었다. 연방 민병대의 남은 자들조차 계엄령을 집행할 수 없다. 따라서 가족과 가족 단위가 붕괴되고 혼란과 범죄가 폭증하고 있다. 친척들은 살아남기 위해 함께 모여들고, 대도시 밖에 친구나 친척이 있는 사람들은 그들의 삶과 온전한 정신을 지키려고 도망친다.

사람들은 정말 화가 난다. 매우 분노한다. 생명, 자유, 행복 추구뿐만 아니라 안정과 번영까지 약속했던 정부에 대해 분노한다. 사람들은 자신의 정부가 외국에 절망적인 빚을 지고 있음을 알게 되면 더욱 화가 치민다. 수십억 달러는 마치 갚을 필요가 없는 것처럼 빌렸지만 수십억의 빚이 수조가 되었고 청구서가 날아왔다.

적대적인 군중들은 은행들에 현금 인출을 허용하라고 요구한다. 하지만 은행들은 오래전부터 현금이 바닥났고, 매일 또는 거의 매주 달러가 평가절하된다.

사람들은 행동을 요구하고, 대중은 배신감을 느낀다. 대통령의 말조차 신뢰할 수 없으므로 그의 말을 듣는 사람은 거의 없다. 설령 듣는다고 하더라도 믿지 않는다.

왜 그들은 그의 말을 믿어야 하는가?

약속은 거짓이 되었다.

나는 오늘날 21세기 미국에 있는 우리 모두를 포함한 대중들은 안정과 질서를 위해 언론의 자유, 집회의 자유, 예배의 자유 그리고 심지어 안정과 질서를 대가로 선거의 자유와 같은 시민의 자유 중단을 기꺼이 받아들일 것이라고 확신한다. 독재자가 일어나 혼돈에서 질서를 확립할 수 있다는 믿을 만한 증거를 제시한다면 우리는 그에게 필요한 자유와 모든 권한을 기꺼이 갖게 할 것이다.

　제1차 세계대전 후 독일에 퍼진 경제적 혼란 때문에 히틀러에게 기꺼이 기회를 주었던 사람들을 비난해서는 안 된다. 제1차 세계대전 후에도 독일 경제가 강세를 유지했다면 히틀러는 결코 권력을 얻지 못했을 것이다. 그는 무너지는 독일 마르크화의 가치를 회복하고 나라를 다시 일으켜 세우겠다고 약속했기 때문에 권력을 얻은 것이다. 그는 전후 독일이 겪었던 경제 위기를 영리하게 이용했다. 국가사회주의 태생의 원인은 경제였다.

　독일의 인플레이션은 제1차 세계대전의 패전으로 독일에 할당된 막대한 전쟁 배상금 지불 때문에 국가의 화폐 공급이 크게 증가하여 발생했다. 독일 정부는 위기를 막는 데 필요한 만큼 돈을 인쇄하여 부채를 싼 마르크화로 지불하기로 했다. 새로 인쇄된 돈의 초기 투입은 효과가 없었지만, 그 방법은 계속 유지되었고, 결과적으로 더 많은 마르크화가 발행되었다.

　경제학자들은 "초인플레이션" 발생은 억제되지 않은 화폐 공급의 증가로 초래된다는 데 동의한다. 일반적으로 사람들은 경기가 위축되면 돈을 보유하려는 광범위한 의지를 나타낸다. 초인플레이션은 일반적으로 전쟁, 경제 불황, 정치적, 사회적 격변과 관련이 있으며, 국가 권력을 유지하기 위해 위기에 처한 대중들의 부를 인위적으로 창출하는 정부에게 있다.

　제1차 세계대전 후 독일의 삶에 대한 일화가 많이 있다. 고정 수입을 가진 사람들은 사라졌고, 퇴직 기금은 고갈되었으며, 물가는 시간에 따라 변동되었다. 프라이부르크대학교(Freiburg University)의 한 학생이 커피 한 잔을 5,000마르크에 주문한 후 추가로 한잔을 더 주문하였는데 추가 주문한 커피의 청구 금액은 14,000마르크였다. 이에 항의하는 학생에게 점원은 "돈을 절약하고 커피 두 잔을 사려면 동시에 주문해야 한다"라고 했다.

독일 마르크화를 수레를 가득 실은 여성이 돈과 함께 수레를 상점 밖에 내버려 두어도 아무도 돈을 가져가지 않을 것이라고 확신했다는 이야기는 아마 지어낸 이야기일 것이다. 그녀가 장을 보고 돈을 지불하려고 돈을 가지러 밖에 나갔을 때 돈은 바닥에 고스란히 남아 있었고 수레만 사라졌다. 우리는 이 이야기를 듣고 웃을지 모르지만, 독일인에게는 웃을 일이 아니었다. 그들의 저축은 모조리 사라졌다. 그들은 정부에 대한 믿음을 잃었다. 사람들은 헤아릴 수 없는 고통을 당했지만, 최악의 상황은 아직 오지 않았다.

이 와중에 물가 폭등으로 이익을 누리는 사람들이 있었다. 막대한 부채가 있는 기업은 화폐 가치가 떨어졌을 때 거의 쓸모없는 종이로 대출을 상환할 수 있어서 좋았다. 사실 큰 사업가들과 집주인들은 그들에게 큰 빚을 갚아야 하는 기업들을 도우려고 국가 공약을 해체하고 화폐의 가치를 하락시키도록 일부러 정부를 부추겼다.

당연히, 마르크화가 평가 절하될 때 저축이 사라져 서민들은 어려움을 겪었다. 1조의 어음을 발행한 후 사용되었을 때 그 어음은 푼돈이 되었다. 1923년 11월에는 1조 마르크가 1달러 환율을 기록했다. 사용하지 않은 마르크화는 불을 지피는 데 사용되었다.

예상대로, 특히 대도시에서는 무정부 상태가 되었다. 자동차에서는 휘발유를 뽑아가고, 길거리에서는 못질하지 않은 물건들이 도난을 당했고, 교환할 수 있는 것은 음식이나 옷과 교환되었다. 혼란 속에서 정부는 베를린을 떠나 바이마르의 국립극장으로 이동하여 민주주의 원칙과 이상에 기반한 새로운 정부를 세우려고 했다.

계속되는 인플레이션 사이클이 절정에 이르렀을 때 사람들은 누군가 광기를 끝내주기를 바랬다. 정부는 혼란을 피하려고 마르크화의 급락에도 불구하고 화폐 발행을 멈추지 않았다. 그래서 사람들은 이 상황을 종식시키고 새로운 통화로 새로운 시작을 할 수 있는 독재자를 갈망했고, 그로 인해 경제적 안정을 위한 통제가 확립되기를 원했다. 그리고 이 순간을 기다리는 한 남자가 있었다.

경제 위기는 국가를 지배하려는 지도자에게는 곧 선물이다. 히틀러는 그의 나라가 경제적으로 병든 것에 대해 기뻐서 어쩔 줄 몰랐다. 인플레이션과 실업은 그가 치료해야 할 질병이었다. 그는 이 금융 위기의 기회가 사라지는 것을 원하지 않았다.

1. 히틀러의 등장

히틀러의 독재 정권은 독일 국민에게서 폭넓은 지지를 누렸기 때문에 히틀러는 우리를 매료시킨다. 아마도 역사상 그런 독재자는 없을 것이다. 그는 한 민족이 그를 따르도록 동기를 부여하는 재능을 가지고 있었다.

레닌이나 모택동 같은 공산주의 지도자들은 수백만 명의 목숨을 앗아간 혁명을 통해 권력을 잡았다. 그 결과 그들은 대중에게 미움을 샀다. 반면 히틀러는 중산층뿐만 아니라 대학생과 교수들의 폭넓은 지지를 받았다.

예를 들어 심리학자 칼 융(Carl Jung)은 "전 세계가 놀랍도록 시선을 끄는 국가사회주의의 강력한 현상에 도취했다"라고 했다.

1923년 바이에른 정부를 전복시키려는 히틀러의 극적인 시도는 실패했다. 그는 뮌헨에서 정치 혁명을 일으키려 시도했으나 경찰에 의해 무산되었으며, 그의 부하 중 16명 사망했다. 그는 반역죄로 유죄 판결을 받았다. 랜즈버그교도소(Landsberg Prison)에 수용된 후 그는 정치 과정을 통해 권력을 얻기로 했다. 그는 민주주의를 권력을 잡는 데 이용하였고 권력을 얻었을 때 그것을 무너뜨렸으며, 민주주의는 독재의 디딤돌이 되었다.

1925-1929년 이 기간에는 실업 감소와 소매 판매 증가로 경제 상황이 개선되었다. 제1차 세계대전이 끝나고 10년이 지난 후 독일공화국은 회복된 것처럼 보였다. 나치당은 거의 소멸했다. 그러나 히틀러는 세계 정복의 열정을 가슴에 불태우면서 포기하지 않았다. 그는 독일의 상황이 나빠지기를 기대하면서 계속 기다렸다.

마침내 1929년 전 세계적 대공황은 히틀러에게 기회를 주었다. 다시 실업률이 높아지고 인플레이션이 만연했으며 분노와 불신이 독일 전역으로 퍼져 나갔다. 그가 혁명적으로, 전쟁이 아닌 헌법적 수단으로 국가를 점령할 때가 되었다.

오스트리아 최대 은행이 무너지자 베를린 은행들은 일시적으로 문을 닫았다. 독일은 전쟁 배상을 할 수 없었다. 수천 개의 중소기업이 폐업하였고 수백만 명의 실업자가 발생했다. 일자리와 품위 있는 생활을 빼앗기고 굶주림으로 황폐해진 독일인들은 생존을 위해 무엇이든 기꺼이 할 의향이 있었다. 히틀러에게 이것은 황금의 시기였으며, 그는 대중의 귀와 표를 얻었다.

1933년 3월 선거에서 자신이 이길 수 없다는 것을 알고 위기를 조장하기로 했다. 1933년 2월 27일 베를린에 있는 독일 의회 건물이 화염에 휩싸였다. 증거는 방화를 가리키며, 아마도 히틀러의 사람들은 마리누스 판 데르 루베(Marinus van der Lubbe)라는 네덜란드 사람을 난방 시스템으로 이용되는 통로를 통해 건물에 들어가도록 강요했을 것이다. 총구로 위협하여 건물의 지하실에 불을 지르도록 하였고, 곧 거대한 구조물이 화염에 휩싸였다.

히틀러는 방화를 공산주의자들의 음모라고 비난하면서 국민과 개인의 자유를 제한하는 "국가와 국민의 보호를 위한" 법령에 서명하도록 폴 폰 힌덴부르크(Paul von Hindenburg) 독일 대통령을 압박했다. 나치들은 영장 없이 집을 수색하고 재산을 압류하며, 이에 반대하는 집단 회의를 금지할 수 있었다.

흥미롭게도 폰 힌덴부르크는 바이마르 헌법에 따라 행동하고 있었는데, 헌법은 긴급 상황에서는 대통령이 의회를 우회할 수 있다고 규정했다. 히틀러는 독일 의회에서 여전히 과반수를 얻지 못했지만, 살인과 협박 그리고 회유를 통해 헌법 개정에 필요한 2/3의 표를 얻었다.

이 개정안에 따라, 모든 입법 기능은 제국 내각에 넘겨졌으며, 이 권력은 히틀러에게 직접 양도되었다. 이제 독일은 의회가 아니라 히틀러가 법을 제정하게 되었다. 마침내 7월 14일, 그는 나치가 독일의 유일한 정당이 될 것이라고 선언했다.

히틀러의 성적표는 많은 그리스도인이 히틀러를 기도에 대한 응답으로 볼 만큼 놀라운 성과들로 가득 차 있었다. 어떤 그리스도인들은 집 벽에 걸린 그리스도의 그림을 떼어내고 대신 히틀러의 초상화를 걸었다고 한다. 윈스턴 처칠은 1937년에 히틀러를 목격하고 그의 업적은 "세계 역사상 가장 주목할 만한 것"이라고 말했다.

히틀러의 국가사회주의 브랜드는 당시 독일 사람들에게 장점이 있었다. 은행을 국유화하고, 임금 및 가격 통제를 시행하고, 경제의 중앙 집중화를 통해 사회주의는 비교적 느린 민주적 과정을 대신하여 신속하게 일을 처리할 수 있었다. 히틀러의 심각한 범죄에도 불구하고, 적어도 처음 몇 년간은 그의 경제 정책이 잘 작동되고 있는 듯 보였다. 그의 뛰어난 성적표는 다음과 같다.

(1) 그는 4년 만에 붕괴한 경제를 재건했다.
(2) 그는 국유화된 의료 서비스를 제공했다.
(3) 그는 수백만의 독일인들에게 기쁨을 통한 힘("Kraft durch Freude") 프로그램을 통해 휴가를 주었다.
(4) 그는 비 숙련 노동자들을 위한 직업학교를 설립하고 전 국민을 완전히 고용했다.
(5) 그는 범죄를 통제했다.

(6) 그는 거대한 공공 사업 프로젝트를 시행하고 고속도로(아우토반 등)를 건설했으며 일반 독일인들이 소유할 수 있는 자동차 생산도 약속했다.

(7) 그는 독일인들 스스로가 믿을만한 이유를 제공했고, 그들이 다시 위대해질 수 있다고 믿게 했다.

한 역사가는 "히틀러가 제2차 세계대전 이전에 죽었더라면 그는 독일 역사상 가장 뛰어난 인물 중 하나인 아돌프 대왕"으로 불렸을 것이라고 했다. 그러나 히틀러는 제2차 세계대전 전에 죽지 않았고, 독일 국민이 자신의 권리를 포기할 때까지 죽지 않았고, 8백만 명이 넘는 사람들이 몰살되는 법이 제정될 때까지 죽지 않았으며, 독일과 몇몇 다른 나라들에서 역사상 가장 거대한 피바다로 5천만 명의 목숨을 앗아간 전쟁으로 파괴될 때까지 죽지 않았다.

히틀러는 자신에게 개인적 충성을 맹세하기 위해 수천 명의 목회자가 친위대에 합류할 때까지 죽지 않았다. 경제 기적으로 시작되었지만, 도덕적, 정치적 악몽으로 끝났다.

2. 경제의 힘

전반적으로 독일인들은 국가사회주의의 명백한 장점을 보았기 때문에 거의 저항하지 않았다.

제럴드 서스터(Gerald Suster)의 글을 읽어보자.

> 어떤 사람들에게는 자유로 인한 위험을 감수하기보다는 복종이 더 쉬우므로 많은 사람이 자신의 행동에 대한 개인적 책임의 폐지를 환영했다. 노동자들은 이제 안정된 직업, 건강 서비스는 물론 저렴한 휴가 계획을 세우고 있었다. 자유는 굶주림을 의미했기 때문에 노예제도가 더욱 바람직했다.[1]

그들이 기다리던 사람이 나타났다. 나치 독일 사람들은 경제적 안정만 유지될 수 있다면, 언론의 자유, 여행의 자유 그리고 선거의 자유를 가졌는지에 대해 상관하지 않았다. 독일 공화국에서는 사람들이 대도시에서 굶주리고 있었기 때문에 그들은 투표소에서 투표하는 것보다 식탁 위의 빵이 더 중요하다고 인식했다. 사람들은 생존권을 대가로 히틀러의 숙청과 무자비한 학살을 기꺼이 용인하고자 했다.

대다수의 루터교회는 히틀러와 그의 환상적인 개혁의 편을 들었다. 그러나 본회퍼 목사와 니묄러 목사의 지도로 소수파는 "고백교회"(Confessing Church)를 결성을 결정하고 기존 교단을 탈퇴했다. 히틀러를 반대하는 고백교회는 자체 총회를 열고 나치즘이 교회 생활에 지속해서 침투하는 것에 대한 항의 성명을 발표했다. 1938년 독일 목회자들이 히틀러에게 개인적 충성 맹세를 하라는 명령을 받았을 때, 총회는 근본적으로 "겁을 먹었고" 그들을 집어삼킨 정치적인 폭풍에 대항하는 태도를 거부했다.

총회는 히틀러의 마음을 기쁘게 하는 일만 했다. 그들은 '아리아

조항'에 서명하고 충성맹세하는 것에 대해 목사들과 교회 지도자들 각자가 스스로 정해야 한다고 결정했다. 이를 통해 비밀 경찰은 이를 준수하지 않은 목사를 쉽게 식별하고 체포하여 "인민 재판소"가 결정한 내용에 따라 선고할 수 있었으며, 그 결과 약 800명의 목사가 체포되어 투옥되었다.

3. 독일 국민의 반응

800명의 목사와 그들의 교회가 나치즘을 거부했다는 이유로 투옥되었다는 소식에 대해 독일 사람들은 어떻게 생각했을까?

우리는 그런 탄압에 대한 독일인의 무관심에 충격을 받았다. 기념비적인 책 『제3제국의 성립과 몰락』(The Rise and Fall of the Third Reich)에서 윌리엄 L. 시러 (William L. Shirer)는 독일인들이 소중히 여기는 가치에 대한 가장 냉정한 평가 중 하나를 제공했다. 이 단락은 길지만 모든 단어를 읽는 것이 좋다.

> 나치 독일에 의한 개신교와 가톨릭 신자들의 박해가 독일 국민을 산산조각 냈다거나 심지어 대다수를 크게 자극했다는 인상을 주는 것은 오해의 소지가 있다. 그렇지 않았다. 비교적 적은 수를 제외하고 정치적, 문화적, 경제적 자유를 가볍게 포기한 대부분 사람은 예배의 자유를 지키기 위해 죽거나 투옥될 위험이 없었다. 1930년대 독일인들을 정말로 흥분시킨 것은 히틀러가 일자리를 제공하고, 번영

을 창출하며, 독일의 군사력을 회복하고, 외교 정책에서 한 번의 승리에서 다른 승리로 이어지는 히틀러의 빛나는 성공이었다. 수천 명의 목회자와 사제들의 체포나 다양한 개신교 종파의 투쟁 때문에 대다수 독일인이 잠을 못 이루는 일은 없었다. 히틀러의 지원을 받은 로젠버그 보어만(Rosenberg Bormann)과 히믈러(Himmler)의 지도하에 나치 정권은 독일의 기독교를 멸망시키기 위해 독일의 초기 부족 신들과 나치 극단주의자들의 새로운 이교도로 대체하려고 했다. 히틀러와 가장 가까운 남성 중 한 사람인 보어만은 1941년에 "국가사회주의와 기독교는 양립"할 수 없다고 공개적으로 말했다.

그래서 나치 정권의 그리스도인들을 포함한 대다수 사람은 이제는 기독교가 고통을 받거나 죽을 만큼 가치가 있다고 믿지 않았다. 그들은 직업과 독일의 더 큰 영광을 위한 대가로 『나의 투쟁』(*Mein Kampf*, 히틀러의 자서전)으로 성경을 대체할 용의가 있었다. 그러나 목숨을 구걸한 자는 생명을 잃었고, 목숨을 잃은 자는 생명을 구했다.

4. 자유보다 빵

직업! 경제! 안보! 번영! 대부분 사람은 강력한 경제와 돈의 대가로 눈에 띄는 경고 신호에도 눈을 감으려 한다. 프랜시스 쉐퍼(Francis Schaefler)가 말했던 것처럼, 사람들은 개인적 평화와 풍요를 보장받을 수만 있다면 기꺼이 잘못된 길을 따라 행진할 용의가 있다.

그들은 어디로 가고 있는지 묻지 않고 그 길을 기꺼이 따라간다.

베를린 장벽이 무너진 후 러시아 신문에 도로를 묘사하는 만화가 등장했다. 도로의 한길은 자유로, 다른 길은 소시지로 표시되었다. 우리가 추측할 수 있듯이, 자유로 가는 길로 가는 사람은 거의 없었다. 그러나 소시지로 가는 길은 발자국으로 가득 차 있었다. 선택권이 주어진다면 대부분 사람은 아마도 자유 시장과 개인의 자유보다 빵과 소시지를 선택할 것이다. 레닌이 "모든 부엌에 빵"을 약속한 것이 공산주의 혁명을 촉발했다. 정치 노예로 빵을 먹는 것이 자유로운 기아보다 낫다. 빵은 배를 채우고 자유는 그렇지 않다.

히틀러가 시작한 전쟁 덕분에 독일은 곧 큰 적자가 발생하였고, 독일 정부는 다시 국가 부채를 지불하기 위해 돈을 인쇄했다. 제2차 세계대전이 끝난 후 인플레이션이 다시 나타났고 독일 사람들은 또 다른 경제 위기를 맞았다. 언제나처럼, 환멸을 느끼는 독일 사람들의 마음에 가장 큰 관심사는 경제였다.

5. 미국을 위한 교훈

"문제는 경제야, 바보야!"

이것은 1992년 대통령 선거 기간에 미국에서 효과적으로 사용된 구호였다. 사람들은 자신의 주머니에 투표하는 경향이 있으며, 그 자체가 틀린 것은 아니지만 가치가 뒤틀리거나 자유의 축소로 이어질 수 있다. 우리가 살기 위해 꼭 필요한 돈은 또한 영혼을 팔고자 하는 유혹이 될 수 있다.

  물론 미국은 독일이 아니며, 우리가 관찰한 바와 같이, 우리와 나치 시대의 유사점은 쉽게 과장되게 그려질 수 있다. 그러나 불변의 교훈이 있다.

  성경은 이렇게 말한다.

> 사탄이 여호와께 대답하여 이르되 가죽으로 가죽을 바꾸오니 사람이 그의 모든 소유물로 자기의 생명을 바꾸올지라(욥 2:4).

  생존은 우리 모두의 내면에서 강력한 동력이며, 우리 대부분은 살기 위해 기꺼이 우리의 가치를 타협하게 된다. 그리고 정부가 우리의 재정적 미래를 보장할 수 있다면, 우리는 직관적으로 우리가 위험한 길을 가고 있다고 의심하더라도 그 정부를 지지할 것이다.

  벤자민 프랭클린(Benjamin Franklin)은 "조금의 안전을 얻기 위해 약간의 자유를 포기하는 사회는 둘 다 가질 자격이 없고 모두 잃을 것이다"라고 말했다.

> 더 나아가기 전에 한 가지를 분명히 밝히고 싶다. 성경은 어떤 유형의 경제 이론을 정부가 채택해야 하는지 명시하지 않았다.
> (그러나 오늘날 공산주의나 사회주의는 유물론을 근간으로 하므로 창조를 부정하고 나아가 하나님을 부정하는 인본주의 사상으로 성경적이지 않으며, 이를 고수하거나 지지하는 것은 창 1:1부터 부정하는 것으로 역시 올바른 그리스도인이라 할 수 없으며, 그들이 부르는 신이 하나님이라 하더라도 다른 신이다-역주.)

나는 어떤 경제 이론이 미국에 가장 적합한가에 대해 언급할 자격이 없다. 그러나 적용해야 할 몇 가지 성경적인 원칙이 있다.

첫째, 성경의 부채에 대한 개인적 경고는 현세의 정부를 포함하여 적용할 수 있다. 우리가 미래 세대의 돈을 대출하여 쓰는 것은 분명히 잘못된 것이다.

토마스 제퍼슨(Thomas Jefferson)은 다음과 같이 말했다.

> 현 정부가 장기 공채라는 이름으로 후세대가 갚아야 할 돈을 빌려서 쓰는 것은 미래를 대규모로 위축시킬 뿐만 아니라, 우리의 지도자들이 지출에 대한 보상으로 표를 얻기 위해 우리의 개인 신용 카드를 훔치는 것과 같다.

놀랍게도 지구상에서 가장 부유한 나라로 알려진 미국은 다른 나라들에서 특히 중국에서 수십억 달러를 빌렸다. 우리는 대출을 받는 것이 아니라 대출을 해 주어야 한다고 생각할 수 있다. 하나님께서 이스라엘에게 하신 말씀을 보자.

> 네 하나님 여호와께서 네게 허락하신 대로 네게 복을 주시리니 네가 여러 나라에 꾸어 줄지라도 너는 꾸지 아니하겠고 네가 여러 나라를 통치할지라도 너는 통치를 당하지 아니하리라(신 15:6).

우리는 국가가 현재의 수단 안에서 생활하기를 거부하고 미래 세대에게서 돈을 빌려왔기 때문에 채무자다. 지불일이 다가오고 있다.

둘째, 뇌물에 대한 성경적인 경고는 정부에도 적용되어야 한다. 정치인들이 우리의 돈을 그들의 지지자들에게 보상하기 위해 사용하는 것은 잘못이다.

셋째, 부자에게서조차 도둑질하는 것은 정부 정책으로 금지되어야 한다. 누진 소득 세율에 대해 많은 것을 말할 수 있지만, 그것은 모든 사람을 "평등화"하는데 부당하게 사용될 수도 있다.

알렉시스 드 토크빌(Alexis de Tocqueville)은 사람들이 돈에 투표할 수 있다는 것을 깨달으면 민주주의가 살아남지 못할 것이라고 예견했다. 그러나 정치인들은 사람들 대부분이 가장 큰 혜택을 약속한 정치인에게 충성을 나타내리라는 것을 안다. 가장 많은 돈을 약속한 후보자에게 투표하는 것은 도둑질이다(귀하의 권리는 다른 사람의 돈을 훔치는 것이므로). 합법적으로 도둑질을 할 수도 있지만, 그것 역시 도둑질이다.

이 장에서 나의 요점은 돈은 누구에게나 필수적이며, 우리는 살기 위해 돈이 필요하므로 경제가 종종 자유와 원칙의 문제를 능가한다고 주장하는 것이다. 불행하게도 그것은 또한 가끔 복음을 위한 증인과 명예와 같은 영원히 중요한 가치들을 능가한다.

생존권을 박탈당하지 않으려는 우리 처지에서 볼 때, 독일 사람들이 취했던 것과 똑같은 일을 하는 경향이 있으며, 그것은 현세적 생존을 위해 영원한 이상을 간과하는 것이다. 우리는 종종 직업을 지키고, 경제적 안정을 보장받고, 좋은 대학을 졸업하기 위해 그리스도인으로서 믿음을 숨기고자 그리스도와 타협하려고 한다(최소한의 생존권뿐만 아니라 더 많은 것을 얻기 위해 타협하려 한다-역주).

6. 두 가지 중요한 교훈

첫째 교훈은 정치인들은 종종 경제 위기를 이용하여 그들이 지배하는 사람들을 정부에 더욱 의존하게 만들고, 그 의존성으로 통제력을 더욱 강화한다는 사실을 역사에서 배울 수 있다. 앞서 언급한 것처럼, 우리 정부는 파산 직전의 은행과 주요 기업들이 막대한 구제 금융을 이용할 수 있도록 하고 있다. 우리 정부가 이 도움의 전제 조건으로 제너럴모터스에 수십억 달러를 제공했을 때, 우리 대통령은 회사의 최고 경영자가 위법 행위를 하지 않았음에도 불구하고 사임할 것을 요청했다. 나의 핵심은 정부에 대한 의존도가 높을수록 정부의 통제가 더 강화된다는 것이다.

관료주의는 스스로 먹고 살기 때문에(자체에만 책임이 있는), 정부는 그 일을 운영하는 데 있어서 매우 비효율적이다. 정부 낭비의 예는 군대다. 창의성과 자유 기업을 억압하는 다양한 단계의 익명 관료주의가 형성된다. 예를 들어 세계 각지의 인도주의 프로젝트에 정부 자금을 분배하는 책임을 맡은 한 사람에게 물었는데, 그는 기금의 20%만 대상자들에게 전달된다고 했다.

미국의 국유화된 의료 프로그램의 문제는 2009년 내내 격렬한 논쟁을 벌였으며 양측 모두에서 설득력 있는 논쟁이 있었다. 나는 모든 관련 데이터의 균형을 맞추기 위해 노력했다. 그리고 '건강 보험 개혁법'(Affordable Care Act)의 파장은 계속 진행 중이다.

그러나 영국판 국민 건강 보험에서는 최소 치료만 받고, 60세 이상은 일상적으로 심장 수술을 거부당하는 데, 그 나이에 그런 절차는 "비용 대비 효과"가 크지 않다는 이유다.[4]

예상대로, 히틀러는 건강 관리에 대한 배급을 극도로 제한했다. 나아가 주 정부 보조금 혜택에 합당하지 않은 사람들을 제외했다. 히틀러는 자신의 T-4 법안에서 치료할 수 없는 질병을 앓고 있는 노인들과 장애 아동들을 안락사 시켜야 한다고 규정했다. 분명히 우리는 아직 거기까지 가지 않았지만, 그러나 공정성을 위해 돈이 부족할 때 노인들을 일찍 잠들게 하여 젊은 세대를 위한 길을 여는 것이 이치에 맞지 않는가라는 논쟁이 있다고 들었다.

둘째 교훈은 정부의 통제가 확대됨에 따라 자유의 상실과 노동 윤리의 상실이 초래된다. 이것은 정부가 임금을 정한다. 이것은 정부가 주도하는 공산주의 국가에서 가장 분명하게 나타났다. 더 많은 사람이 정부에 의존할수록 정부가 요구하는 것은 무엇이든지 따를 것이기 때문에 정치인들이 국가 금고를 관리하는 것은 그들에게 개인적으로 큰 이익이다. 우리 정부는 돈이 힘이고 돈이 있는 사람들이 더 많은 돈을 원한다는 공리주의를 지원하기 위해 수년간 담보할 물건이 전혀 없음에도 수십억 달러를 발행했다. 그리고 통제는 돈을 따라간다는 것을 확신할 수 있다.

평등이라는 단어의 의미를 이해하는 데는 두 가지 방법이 있다. 우리 건국의 아버지들은 **"모든 사람은 법에 따라 평등하다는 것"**을 이해했다. 삶과 자유와 행복을 추구할 때 모두 평등하고 자유로워야 한다. 오늘날 이 단어는 경제적 평등을 의미하게 되었다. 이것은 돈을 부자에게서 가져와 가난한 자에게 주어야만 모든 사람의 부의 평등(아니면 불평등)을 이룬다는 것을 의미한다. 이것은 많은 사람에게 매력적이지만, 우리는 에이브러햄 링컨(Abraham Lincoln)의 통찰력 있는 말을 다시 들어야 한다.

> 우리는 모두 자유를 선언하지만, 같은 단어를 사용한다고 해서 모두 같은 의미는 아니다. 어떤 사람들에게 자유란 각 사람이 자신과 노동의 산물을 자신이 원하는 대로 할 수 있음을 의미할 수 있지만, 반면에 다른 사람들에게 자유란 어떤 사람들이 다른 사람들과 다른 사람의 노동의 산물을 마음대로 할 수 있음을 의미할 수도 있다. 같은 이름의 자유지만, 서로 다를 뿐만 아니라 양립할 수 없는 두 가지가 있고, 그것들은 각각 당사자에 의해 "자유와 폭정"이라는 두 가지의 이름으로 불려진다.[5]

불행히도, 선택의 여지가 있다면 많은 사람은 자유가 있는 경제적 기회보다는 폭정과 함께 경제적 평등을 선호할 것이다. 자유 사회에서는 모든 사람이 경제적으로 평등하지 않을 것이다. 사회주의 국가에서 사는 사람들은 정부 규제와 정부 법률의 노예가 된다.

시민들은 법규를 준수하고, 노동 할당량과 주 정부가 통제하는 가격을 수용하고, 정부가 "공정"을 추구하기 때문에 가난한 사람들에게 혜택을 주기 위해 부자들에게 과도한 세금이 부과된다. 당신은 당신을 먹여 주는 주인에게 순종하게 된다. 그리고 누군가가 말했듯이, 우리는 모두 높은 보상과 편안한 삶을 원한다. 역사학자 데이비드 라우쉬(David A. Rausch)는 히틀러 시대를 다음과 같이 묘사했다.

> 히틀러는 임금을 낮췄다. 주 정부와 경제는 전체주의 체제하에서 통합되었다. 독일 경제는 회복되기 시작했고 사람들은 다시 일을 시작했지만, 개인의 자유는 비싼 대가를 지불해야 했다. 거의 모든 독일인의 생활이 나치 정권의 통제하에 있었지만, 시민들 대부분은 신경 쓰지 않는 것처럼 보였다. 언론에 의해 선전이 꾸준히 퍼져 나갔고, 총통의 대규모 집회, 행진 및 선물로 즐겁게 지내면서 독일 사람들은 자국의 재건에 자부심을 느꼈다.[6]

그래서 우리는 나치 독일 국민처럼 정치인들의 터무니없는 약속을 믿는 경향이 있다. 왜냐하면, 그것이 우리를 기분 좋게 만들기 때문이다. 물론 우리가 사회 보장 제도와 의료 보험에 대해 어떻게 생각하든 간에, 그런 프로그램은 많은 사람에게 큰 혜택을 주었다. 문제는 정부가 무엇을 할 수 있고 무엇을 해서는 안 되는지에 대한 논란이 되는 주제에 관해 명확하게 생각하는 것이다. 내가 아는 한, 역사상 어떤 정부도 결국 시민들에 대한 더 많은 통제를 기대하지 않으면서 확대된 혜택을 제공한 위대한 기록은 없다.

말과 이야기하는 목동에 관한 우화가 있다.

> 목동은 말에게 "당신들은 지구상에 가장 고귀한 짐승이다. 당신들은 아무런 문제 없이 행복하게 살 자격이 있다. 당신을 배신한 수사슴만 아니면 당신의 행복은 완전할 것이다. 수사슴의 발은 매우 빨라 당신을 제치고 당신보다 먼저 우물에 도착한다. 그와 그의 종족은 당신과 당신의 새끼들이 갈증을 느끼는 동안 저 멀리 우물에서 물을 마신다. 나와 함께 있어! 그러면 나의 지혜와 지도로 당신과 당신의 종족은 비참하고 수치스러운 상태에서 구출될 것이다." 말은 수사슴에 대한 시기심과 증오를 자극한 목동의 이야기에 동감했고, 양치기 소년의 고삐를 받아들였다. 더 많은 물과 더 나은 삶의 약속에 대한 대가로 말은 자유를 잃고 양치기의 노예가 되었다.[7]

오늘날 우리는 고삐만 받아들인다면 정부가 우리의 경제적인 고통에서 우리를 구해 줄 것이라는 약속을 조심해야 한다.

7. 예수님의 말씀

신약 시대에 예수께서 5천 명의 사람들에게 빵을 공급하는 기적을 행하셨을 때, 대중은 그를 왕으로 만들고 싶어 했다. 예수님은 자기의 배를 채우려고 자신을 왕으로 삼으려 한다며 그들을 꾸짖었다. 그는 이렇게 말씀하셨다.

> 썩을 양식을 위하여 일하지 말고 영생하도록 있는 양식을 위하여 하라 이 양식은 인자가 너희에게 주리니 인자는 아버지 하나님께서 인치신 자니라(요 6:27).

그분의 말씀은 육체를 위한 빵은 영적 빵보다 중요하지 않다는 것이다. 우리는 갈림길에 서면 우리의 편리성이 아닌 원칙에 따라 선택해야 한다. 물론 우리는 모두 개인의 자유를 포기하고서라도 살기를 원한다. 그러나 수 세기 동안 수많은 기독교 순교자들이 증명한 것처럼 우리가 선을 그어야 할 때가 있다. 우리는 타협하기보다 영원히 지속할 가치를 위해 고난을 선택해야 한다. 하나님의 뜻을 행하면서 굶는 것이 하나님의 은혜 대신 단기적인 이익을 선택한 살찐 그리스도인이 되는 것보다 낫다.

솔직히 우리는 굶주림과 가족과 이별을 해야 한다면 어떻게 해야 할지 모른다고 인정해야 할 것이다. 어쩌면 우리는 살 권리를 대가로 잔학 행위에 눈을 감은 독일의 그리스도인들보다 낫지 않을 수도 있다. 우리는 경제가 우리의 우선순위에서 영구적인 것을 희생하도록 강요하지 않기를 기도할 뿐이다. 그리고 우리가 코너에 몰릴 때 하나님께서 우리와 함께하신다는 것을 기억해야 한다.

돈을 사랑하지 말고 있는 바를 족한 줄로 알라 그가 친히 말씀하시기를 '내가 결코 너희를 버리지 아니하고 너희를 떠나지 아니하리라' 하셨느니라 그러므로 우리가 담대히 말하되 주는 나를 돕는 이시니 내가 무서워하지 아니하겠노라 사람이 내게 어찌하리요 하노라 (히 13:5-6).

우리는 가끔 어려운 길을 선택할 용기를 가져야 한다.

제3장
합법적인 악

히틀러는 유대인들이 몰살되어야 할 인간 이하의 기생충이라고 믿었다. 그가 1923년 뮌헨에서 한 연설을 인용해 본다.

> 유대인은 의심할 여지 없이 인종이기는 하지만 인간은 아니다. 그들은 영원한 하나님의 형상이라는 의미에서 인간이 될 수 없다.[1] 유대인은 악마의 형상이다. 유대인은 국가의 인종적 결핵을 의미한다.

히틀러는 유대인을 동물과 같은 범주로 간주하여 합법적으로 살해할 수 있음을 보증했다. 그는 이 종족을 멸절시키는 것이 범죄가 되지 않도록 법을 개정했다.

아돌프 히틀러는 유대인을 사람이라는 신분에서 제거하는 새로운 법을 만들었다. 그들이 동물보다 아래에 있다는 그의 선언으로 하인리히 히믈러(Heinrich Himmler)는 자신의 친위대를 이용하여 그들을 멸절시키기 위한 청신호를 얻었다. 친위대는 법을 어기지 않고 유대인을 죽일 수 있었다. 그들은 유대인을 죽이는 것은 살인이 아니므로 자유롭게 제거할 수 있었다. 그런 해충을 독살하는 것에 대한 어떤 재판도 없을 것이다. 그 땅은 인간의 피가 혈관을 통해 흐르는 사람들이 살 수 있도록 오물을 반드시 깨끗하게 청소해야 한다.

"악도 선이라고 부르면 선이 된다."

아돌프 히틀러는 그렇게 말했다.

1. 법의 힘

법은 국가의 우선순위, 정책 및 가치를 반영한다. 종교가 사유화되고 하나님이 정부와 분리된 나치 독일에서는 자연법조차도 타당성을 인정받지 못했다. 히틀러가 의회를 장악하였고, 그에게 법을 만들 수 있는 권한이 주어졌을 때, 그가 만든 법은 전체주의 국가의 목표를 달성하기 위해 제멋대로 제정되었다. 나치는 "히틀러가 곧 법이다"라고 선언했다. 괴링(Goering)이 말한 것처럼, "법과 총통(Fuehrer)의 의지는 하나다."[2] 옳고 그름은 히틀러와 그 일파가 결정했다.

1935년 9월 15일 뉘른베르크법(Nuremberg Laws)은 유대인의 독일 시민권을 박탈하여 그들을 "종속적"인 상태로 만들었다. 이 법은 유대인과 아리아 인 사이의 결혼 또는 성관계를 금지했다. 이것은 나중에 유대인들에 대한 13가지 행정 규정의 근거가 되었고, 그들의 법률상 보호를 완전히 박탈했다. 유대인 중 많은 사람이 생계를 잃고 기아에 시달렸다. 유대인들은 많은 도시에서 음식을 사거나 사업을 하는 것이 금지되었다.

그리고 반역에 관한 법률이 있었다. 반역은 제국의 의지와 목적에 어긋나는 것으로 정의되었다. 비판, 언론의 자유 및 제국의 정책을 반대하는 것은 반역이었다. 하나님의 율법은 인간 히틀러의 법으로 대체되었다.

1934년에 반역 행위를 처벌하기 위해 인민 재판소가 설립되었다. 각 법원에는 5명의 판사가 임명되었으며, 이들 중 3명은 국가 전복 활동에 관한 특별한 방어 지식이나 국가의 정치적 경향에 밀접한 관련성을 고려하여 항상 히틀러나 그의 동료 중 하나에 의해서 임명했다. 재판의 절차는 비밀이었고 처벌은 엄중했다. 크림슨-레드 포스터(Crimson-red posters)는 사형 집행관의 도끼에 의해 사망한 사람들의 명단을 발표했다.

나치 독일의 경험은 국가의 법을 지배하는 사람은 누구나 국가의 정책과 그 가치를 지배한다는 것을 상기시킨다. R. J. 러쉬두니(R. J. Rushdoony)는 모든 법체계 뒤에는 신이 있음을 관찰했다.

> 만약 법의 근원이 개인이라면 그 개인이 그 체계의 신이다. … 만약 법의 근원이 우리의 법정이라면 법정이 우리의 신이 된다. 사람보다 더 높은 법이 없다면, 사람은 자신이 신이 된다. 당신의 권위를 선택할 때 당신은 당신의 신을 선택하고, 당신의 법을 찾을 때 당신의 거기에서 당신은 신을 발견할 것이다.[3]

법의 뒤를 보면 당신의 신이 거기 서 있다!

히틀러는 법을 제정하는 힘으로 무기력한 그의 반대자들을 조롱할 수 있었다. 반대자들에게 호의적인 법은 없었으므로 그들은 그들을 향한 비난을 방어할 수 없었다. 예를 들어 목회자들이 "설교의 남용"이나 그리고 반역과 같은 "증오 범죄"로 고발되면 운명을 받아들이는 것 외에 의지할 게 없었다. 그들은 도둑질이나 성적인 과실 등 고발할 수 있는 허위 증거를 쉽게 만들 수 있었다. 그래서 히틀러는 목회자들을 멸시하고 경멸할 수 있었다.

시러는 『제3제국의 성립과 몰락』에서 히틀러의 말을 다음과 같이 인용했다.

> 당신들은 그들과 함께 원하는 무엇이든지 하라. … 그들은 복종할 것이며 … 그들은 보잘것없는 작은 인간들이며, 개처럼 복종하며, 당신이 그들에게 말할 때 당황하여 맹세할 것이다.[4]

히틀러는 법이 그의 편이기 때문에 자신을 향한 저항을 무너뜨릴 수 있다는 것을 알고 있었다! 법을 만든 사람이 이긴다.

2. 법의 기초

한 국가의 도덕적 환경은 법의 영향을 크게 받는다는 것이 명확해졌다. 히틀러가 법을 만들었을 때 독일을 히틀러 자신의 이미지로 만들었다. 러쉬두니는 이렇게 말한다.

너의 법을 나에게 보여 줘라.
그러면 나는 너에게 너의 신을 보여줄 것이다.

히틀러가 패배한 후, 뉘른베르크에서 히틀러의 심복들에 대한 전범 재판이 열렸다. 그러나 피고인을 재판하기 위해 어떤 법을 적용해야 하는지에 대한 논쟁이 일었다. 히틀러의 심복들은 법을 어기지 않았다고 그럴듯하게 주장했다. 그들의 행동은 그들 자신의 법률 체계의 보호 안에서 수행되었다. 그들은 유대인과 다른 바람직하지 않은 사람들의 인격이 재정의되었기 때문에 그런 사람들을 살해하더라도 살인 혐의로 기소될 수 없었다. 이 사람들은 단지 그 시대의 법원이 내린 법을 따르고 있었다.

아이히만(Eichmann)이 사형을 집행하기 전에 이렇게 항의한다.

"나는 단지 전쟁법과 내 국적을 따르고 있었다!"

실제로 나치즘은 "총통의 법은 이 볼키쉬(독일에서의 공동 생활) 법 개념을 직접 표현한 것이기 때문에 더 높은 법 개념에 반하여 총통의 법을 판단하는 것은 불가능하다고 주장했다.[5]

법은 지도자와 국가의 변덕에 따른 사회적 조건화의 결과에 지나지 않는다고 믿는 도덕적 상대주의자들은 히틀러의 지명 후계자였던 괴링이 뉘른베르크에서 "이 법원은 나에 대한 관할권이 없다, 나는 독일인이다!"라고 외친 주장에 동의해야 할 것이다.

그렇다면 어떤 법으로 나치를 재판할 수 있을까?

그리고 그런 법의 기초는 무엇일까?

뉘른베르크에서 미국의 수석 변호인 로버트 H. 잭슨(Robert H.

Jackson)은 모든 국가와 사회의 모든 사람을 판단하는 '법에 관한 법'이 있다고 주장했다.[6]

3. 입법자가 하나님? 인간?

우리는 하나님이 존재하지 않으면 인간을 초월한 법이 없다는 사실을 인정해야 한다. 모든 법률이 상대적이고 국가마다 어떤 법률을 제정해야 하는지에 대한 그들만의 다른 자체 사상이 있다면 그 법률을 판단할 수 있는 보편적 기준이 사라진다. 오직 하나님의 계시만이 우리 개인과 모든 국가를 균일하게 판단할 수 있는 법을 제시할 수 있다.

자연과 양심에 근거한 보편적 법칙이 있다고 주장하는 사람들조차도 [아마 그것도 알지 못하고] 그 보편적 법칙에서 파생된 하나님의 존재를 인정한다. **하나님을 믿지 않으면 모든 것이 상대적이기 때문에 어떤 일도 잘못된 것은 없다.**

하나님이 정부에서 분리될 때 우리는 임의적인 법을 받아들여야 한다. 유신론적 보편적 가치부터 우리의 법을 도출하거나, 아니면 개별 국가나 문화가 입법자라고 말한다. 신이 최고이거나 국가가 최고이거나 둘 중 하나다.

아시다시피 1973년에 미국 대법원은 모든 계층의 사람을 헌법적인 보호에서 제외하도록 법률을 개정했다. 법원의 판결과 결과에 따라 법원은 아기가 자궁 안에 있으면 인간이 아니므로 죽일 수 있다고 판결했다. 그러나 법원은 낙태를 합법적으로 만들 수 있지만 도덕적으로 만들 수는 없다.

수년 전 낙태 클리닉에서 피켓 시위를 한 낙태 합법화 반대자들이 낙태 시술자들을 살인자라고 부른 혐의로 비방죄로 기소되었다. 낙태론자들은 히틀러의 측근들이 했던 것처럼 법을 어기지 않았기 때문에 살인자가 될 수 없다고 주장했다. 뉘른베르크의 경험과 낙태 클리닉에서 침묵의 홀로코스트의 경험은 국가가 자신을 제외한 누구에게도 책임을 지지 않을 때 그것이 합법적이기만 하면 무엇이든 도덕적이라고 가정한다는 사실을 웅변적으로 증명한다. 오직 법원이나 독재자가 말하는 것이 법이다.

너의 법을 나에게 보여주면 나는 너의 신을 보여주겠다.

4. 미국의 초기 법률

청교도들이 미국에 왔을 때, 그들은 신과 법 그리고 정치에 대해 몇 가지 확고한 신념이 있었다. 그들은 예배의 자유가 심각하게 제한된 영국에서 왔다. 영국 국교회의 형식적이고 엄격함에 반대하여, 그들은 자유의 원칙에 기초한 국가 건설을 확고히 했다.

그러면 그런 원칙은 어디서 찾을 수 있을까?

청교도들은 자유를 지키려면 하나님에 대한 믿음이 필요하다는 것을 이해했다. 만약 국가가 절대적이라면, 국가가 최고의 입법자로서 하나님을 대신할 것이다. 청교도들이 1620년 11월 11일에 메이플라워 협약에 서명했을 때, 그들은 하나님의 이름으로, 그리고 하나님의 영광을 위해 기독교 신앙을 발전시키겠다고 서약했다.

청교도들은 가톨릭과 개신교 사이의 전쟁이 피와 탄압으로 끝난 유럽에서 개신교를 장려하려는 목적으로 미국에 왔으며, 따라서 다른 종교적 신앙 표현에 반대했다. 종교의 자유는 로저 윌리엄스(Roger Williams)와 그와 같은 다른 사람들 덕분에 신자나 불신자나 무신론자나 모두 진정한 자유를 가졌다는 것을 의미하게 되었다.

훗날 독립 선언서와 그에 따른 헌법이 제정될 때, 건국의 아버지들은 자유가 하나님을 믿는 신앙에 뿌리를 두고 있음을 강조했다. 소위 자연신론자인 벤자민 프랭클린마저도 인간 문제에 관한 하나님의 주권에 대해 유명한 인식을 제시했다.

> 나는 살면 살수록 하나님께서 사람들의 문제를 다스린다는 이 진리에 대해 더 설득력 있는 증거를 보게 된다. 만약 참새가 그분의 허락 없이 땅에 떨어질 수 없다면, 그의 도움 없이 제국이 일어날 가능성이 있을까?

> 우리는 성경에서 여호와께서 집을 세우지 않으면 세우는 자의 수고가 헛된 것이 되리라는 것을 확인했다. 나는 이것을 굳게 믿는다. 또한, 그분의 동의 없이 정치적 건축에서 성공하는 것은 바벨의 건축업자들보다 절대로 더 낫지 않을 것이라고 믿는다.[7]

오늘날 건국의 아버지들 중 그리스도인이 몇 명이었는지 논쟁이 있지만, 연구 결과에 따르면 대부분은 그리스도인이고 일부는 이교도였다. 그러나 그들이 개별적으로 그리스도인이었든지 아니었든지, 신이 존재한다는 신념에 대한 일반적인 합의가 있었다. 그리고 새로운 공화국은 이 초석 위에 기초를 두었다. 이런 이해는 법에 관한 그들의 견해에 크게 영향을 미쳤다. 인간은 그의 창조주에게 책임이 있으므로 도덕적 판단을 할 수 있는 절대적 기준이 있었다.

법의 유신론적 견해는 1644년에 작성된 새뮤얼 러더포드(Samuel Rutherford)의 저서 『렉스 렉스 또는 법과 왕자』(*Lex Rex or The Law and the Prince*)를 통해 미국 식민지에 전달되었다. 이 책은 왕들의 신성한 권리에 대한 공격이었고 왕자조차도 법의 적용을 받아야 한다고 주장했다.[8]

18세기 법학자 윌리엄 블랙스톤(William Blackstone) 역시 성경과 자연에 대한 초기 미국의 이해에 영향을 미쳤다. 하나님은 전능하신 창조주이시기 때문에 사람들의 문제를 담당하시고 통치하신다. 법은 성경과 자연에 대한 그의 계시(부모와 자식의 관계처럼)와 일치해야 한다. 하나님의 법에 어긋나는 법은 제정되어서는 안 된다.

이 법에 대한 견해는 두 가지를 강조한다.

첫째, 하나님은 모든 법의 근원이다.
둘째, 모든 사람은 평등하게 창조되었다.

러더포드는 모든 사람이 죄인이기 때문에 다른 사람보다 우월한 사람은 없다고 추론했었다. 이것은 왕조차도 법의 적용을 받아야 한다는 것을 의미했다. 이 두 가정이 독립선언서에서 어떻게 구체화하였는지 주목하라.

> 모든 인간은 평등하게 창조되었고, 그들은 양도할 수 없는 권리를 창조주에게서 부여받았다.

이 "양도할 수 없는" 권리는 하나님에 의한 인간의 창조에서 비롯된 절대적 권리로 간주했다. 인간 그 자체는 가치가 없었다. 그러나 인간의 가치는 창조 시에 부여되었다. 결과적으로 사람은 다른 사람보다 높은 권위에 대한 책임이 있다. 따라서 모든 사람은 그들이 하나님의 율법 아래 있음을 인정해야 한다.

이 기독교적 세계관은 이 나라의 건국에 큰 영향을 끼쳤다. 그레그 싱어(C. Gregg Singer)는 이렇게 말한다.

> 기독교적 세계관은 식민지 정신에 깊이 스며들어 복음에 무관심하거나 적대적으로 여기는 사람들조차도 계속 인도했다. 이 정통성의 흐름은 너무 강해서 다른 개념의 종교와 정부를 생각하는 사람들조차 쉽게 무시할 수 없었다.[9]

앞으로 몇 년 동안 미국의 법 이해에 상당한 변화가 일어날 것이다. 유신론적 기반이 침식되면 법은 더 이상 도덕에 관한 절대적 견해에 근거하지 않을 것이다. 가치는 상대적이고 인간의 가치는 평가 절하될 것이다.

5. 미국의 과도기법

미국의 법에서 기독교의 강력한 영향은 두 가지 영향으로 약화했다.

첫째, "진화론"이다.

다윈은 창조주를 계속 언급했지만, 결국 사람은 전혀 창조되지 않았을 것이라고 했다. 먼 옛날 "따뜻한 연못"에서 원자의 우연한 조합에 따라 생명이 시작되었다면, 인간은 신에 대한 의무가 없을 것이다. 그러나 다윈주의는 다른 학문에도 적용되었다. 어떤 사람들은 도덕이 끊임없이 진화하고 윤리 자체가 "적자생존"에 기초한다고 주장했다. 이것은 아마 "옳을지도 모른다"라는 신념으로 이어졌다.

진화론은 법에도 적용되었다. 1870년 하버드대학교 법과대학 학장인 크리스토퍼 랭델(Christopher Langdell)은 진화의 원리들이 판사의 판결문에 적용되어야 한다고 가르치기 시작했다. 결말은 피할 수 없었다. 법은 헌법에 따른 것이 아니라 판사들이 말하는 것이 법이 되었다. 다시 말해, 더는 객관적인 표준은 없었다. 절대적인 기준은 창조주의 서거와 함께 소멸했다.[10]

이 새로운 법 이해의 함축적인 의미는 나중에 대법원 판사 올리버

홈즈 주니어(Oliver Holmes Jr.)가 법은 "승리한 신념이며 그 이상은 없다"라고 되풀이했다.[11] 그리고 다시 그는 "진리는 그 나라 대다수 견해다."[12] 또다시, 법전 (또는 법의 본문)의 개발에 있어 궁극적인 문제는 지역 사회의 지배적인 세력이 무엇을 원하고, 그것에 방해되는 어떤 것들도 제어할 수 있도록 하는 것이다.[13] 이런 법의 진화론적 견해는 결국 인간의 존엄성을 침식시키고 인간 생활을 법적으로만 가능하게 만들 것이다. 진화론적 사고와 자유주의 신학은 법을 이해하는 방식에 크게 영향을 미쳤다.

둘째, 자유주의신학이다.

자유주의신학의 도입으로 기독교의 영향력을 약화시켰다. 성경의 기적을 버리고 성경을 많은 책 중 한 권의 책으로 여겼으며, 더는 우리의 손에 하나님의 객관적인 계시가 없다고 믿었다. 결국, 자유주의 신학은 신학적 복장을 하고 인본주의로 전락하고 말았다.

진화론적 사고와 자유주의 신학은 법을 이해하는 방식에 깊은 영향을 미쳤다. 인간이 창조에서 파생된 "양도할 수 없는" 권리를 가지고 있다는 것을 더는 인정하지 않는 것이다. 존 워릭 몽고메리(John Warwick Montgomery)는 18세기에 성경이 부당하고 파괴적인 비판 때문에 살해되었다는 것을 지적하고 이 슬픈 상황이 어떻게 이루어졌는지 다음과 같이 요약했다.

19세기에 하나님이 살해되었고, 그 후 20세기에는 필연적으로 인간이 죽었다.

몽고메리는 다음과 같이 덧붙였다.

> 이 세대는 우연히 발생한 것이 아니다. 각각의 단계는 논리적으로 선행된 것에서 따른다. 하나님은 성경에서 명백히 계시되어 있으므로 성경의 상실은 하나님의 상실로 이어진다. 하나님의 상실은 인간이 옳은 일을 할 것이라 믿고, 자신을 동료들의 벗은 자비에 맡기는 것이다.[14]

미국의 법 역사학과의 한 학생은 인간의 생명이 특별한 보호를 받을 가치가 없는 존재로 재분류될 것이라고 예견했다. 낙태, 유아 살해, 안락사, 동성애 결혼은 세속적 인본주의 세계관의 피할 수 없는 결과다. 하나님이 죽으면 사람도 죽는다.

6. 미국의 현대 법률

기독교 세계관이 사라짐에 따라, 이제 인간이 왕이 되었고 그들이 원하는 법을 만들 수 있었다. 이것은 프랜시스 쉐퍼가 "사회학적 법칙"이라고 불렀던 것을 끌어냈다. 즉, 절대적인 것이 아니라 오히려 상대적이고, 진화론적인 도덕성이 있다는 믿음이다. 그들에게 법이란 다수가 원하는 것이나 판사들이 말하는 것이다. 따라서 더 높은 항소 법원은 없다. 창조주에게서 나온 절대적 기준으로 판결에 이의를 제기할 수 없다. 하나님이 아니라 사람이 법의 근원이 된 것이다.

따라서 어떤 사람들은 모든 사람이 평등하게 창조되었다고 주장할 수 없다. 창조는 없었고, 우리는 진화하는 화학 물질에 불과하므로, 인간은 곧 자신의 동료를 동물이 친족을 대하듯 대할 것이 분명해졌다. DNA 코드를 밝히는 작업으로 노벨상을 받은 프랜시스 크릭(Francis Crick)은 다음과 주장했다.

> 이 나라의 정치적 사고의 상당 부분은 생물학적으로 정당화하기 매우 어렵다는 것을 깨달아야 한다. 사람들이 사제와 왕들에 의해 억압당했을 때, 미국 혁명의 시대에 모든 사람이 평등하게 창조되었다고 하는 것은 타당했다. 하지만 생물학적 타당성은 없다. 종교적인 맥락에서는 신비한 타당성을 지닐지 모르지만. 생물학적으로 사실이 아닐 뿐만 아니라 바람직하지도 않다. 우리는 미래가 우리 손에 달려 있고, 어느 정도 우리가 원하는 것을 할 수 있다는 것을 알고 있다고 생각하거나 깨닫기 시작했다.[15]

부모가 치료 명령서에 서명을 거부했기 때문에 인디애나주에서 굶어 죽은 어린 아기 베이비 도(Baby Doe)는 평등하게 창조된 것으로 여겨지지 않았고 핸디캡 때문에 살기에 부적합한 것으로 여겨졌다. 창조주가 그에게 양도할 수 없는 권리를 부여했다고 믿지 않았다. 마찬가지로, 원하지 않은 성관계로 낙태하는 여성들은 태아에게 "생명, 자유, 행복 추구"의 권리가 있다고 생각하지 않는다. 약한 동물들을 제거함으로써 인류가 함께할 수 있다는 것과 같다.

대부분의 약물 처방, 특히 미성년자 수술은 부모의 동의가 필요한

데도 1976년 뉴욕법원은 18세 미만의 소녀가 부모의 동의 없이 낙태할 권리가 있다고 판결했다. 여기에 부모가 개입하면 어떤 경우에는 "남용"으로 여겨질 수 있다. 분명히, 법원은 우리나라 젊은이들에게 낙태를 장려하려고 한다. 또한, 임의로 법을 제정하기 때문에 낙태를 절대적인 권리로 만들 수 있다. 불행히도 선택권을 주장하고 외치는 사람들이 잃을 것이 가장 많은 사람에게서 선택권을 빼앗고 있다. 아동의 권리가 확대되면 부모의 권리는 비례적으로 감소하게 된다.

7. 벤치를 위한 전투

아마도 이제 우리는 대법원이나 심지어 하급 법원에서 공석을 채우기 위해 사람을 지명하는데 왜 그렇게 많은 갈등이 있는지 이해할 수 있을 것이다. 일부 의회 의원들은 후보자가 어떤 종교적 신념을 갖고 있는지 조사한다. 만약 그런 신념을 가지고 있다면, 그들은 종교인들이 어떤 종류의 절대성을 믿고 헌법이 "살아있는 문서"로 간주되는 날 그것을 반대할 것을 알기 때문에 경계한다(살아있는 문서란 개정이 가능한 것이다-역주).

케이 댈리(Kay Daly)는 이렇게 말했다.

> 예전에는 하나님의 사람들은 원칙적인 사람들로 여겨졌고, 대통령들은 그들을 자신 있게 지명할 수 있었으며, 그것이 성실성, 성격, 품위의 지표였다. 그러나 이제 그것은 필리버스터로 가는 편도 티켓이

되었다.¹⁶

후보자가 자녀를 홈스쿨링한 것이 밝혀지거나, 교회에 참석하고 신앙을 진지하게 이야기하는 것이 밝혀지면, 후보자는 아마도 강한 반대에 부딪힐 것이다. 상상해 보라. 오늘날에는 건국의 아버지들 대부분은 종교적 신념 때문에 승인을 받지 못할 것이다.

만약 대법원이 태아가 낙태로부터 보호를 받아야 할 권리가 헌법에 없다는 것을 찾는다면, 다른 권리를 추가하는 데 유연하게 될 것이고 헌법에 명시된 과거의 자유를 제한할 수 있을 것이다. 결국, 헌법이 살아있는 문서(시대나 상황에 따라 가변적)이며, 정의는 퍼티(putty, 접착제 일종)처럼 원하는 형태로 변형될 것이다. 헌법은 절대적인 것이 아니며 판사도 그렇다. 가까운 장래에 법원은 변화하는 문화를 고려하여 법률을 변경하거나 다른 법률을 추가함으로써 인본주의 의제를 더욱 발전시킬 수 있을 것이다.

따라서 미래에 대법원 또는 일부 하급 법원이 다음과 같은 결론에 도달하더라도 놀랄 일이 아니다.

(1) 모든 공개적인 종교적 표현(특히 기독교)을 범죄로 만드는 법이 만들어질 수 있다. 비록 기도가 자발적이고 교파적으로 중립적이라 하더라도 공개 행사에서 기도하는 사람들을 심각하게 처벌할 수 있으며, 종교 학교, 기업, 정부 및 직장에서 모든 표현은 엄격히 제한되고, 책상 위에는 성경이 사라지고, 직장에서는 포스터나 십자가를 허용하지 않는다.

(2) 모든 공공장소에서 십자가를 제거할 것이다. 십자가를 상징하는 기념비도 허용되지 않을 것이다.

(3) "증오심 표현"은 언어적 폭력이며, 동성애자 또는 무슬림에 대한 비판은 교회나 회당에서 한 발언일지라도 처벌을 받을 수 있다. 여기에는 성경 읽기 또는 성경 구절과 관련된 주석이 포함될 것이다. 동성애자에 대한 범죄는 다른 사람에 대한 범죄보다 더 큰 처벌을 받을만한 가치가 있는 것으로 간주할 것이다.

(4) 학교의 동성애 축하 행사에 참여하지 않거나 안건에 동의하지 않은 모든 어린이를 법적으로 처벌할 수 있을 것이다.

(5) 대법원이 이전 판결을 번복하면 새로운 판결이 **부분 출산 낙태**나 낙태가 헌법에 따라 보호되고 있음을 발견할 수 있다. 안락사도 마찬가지다.

부분 출산 낙태: 태아의 머리를 제외한 몸을 꺼낸 후 목 뒤에 구멍을 내고 흡입 장치를 사용 태아의 뇌를 빨아낸 후 아이의 머리를 꺼내고 사망 선고를 한다(성숙한 태아의 낙태 방법으로 태아의 머리가 아직 엄마의 자궁에 있으므로 살인 죄를 회피하는 방법이다. 미국은 2003년에 법으로 금지했다-역주).

(6) 낙태하겠다는 자녀의 결정에 반대하는 부모들은 박해를 당하고 자녀를 집에서 격리할 책임이 있으며, 낙태는 절대 권리로 보일 것이다.

(7) 동성 결혼은 헌법에서 발견되며 내재한 권리로 간주할 것이고, 입양 문제, 학교에서의 아이들의 가르침에서 동성애와 이성애 결혼 사이에 차별이 있을 수 없다. 보이스카우트 같은 단체에서

도 마찬가지다.

(8) 교회는 청소년 근로자, 목회자, 예배 지도자 등을 위한 고용 관행에서 동성애자를 차별할 수 없을 것이다. 다만 담임목사는 그가 회중의 주요한 교사이기 때문에 이 의무에서 면제될 수 있을 것이다. 학교에서는 초등학교 1학년부터 동성애를 가르칠 수 있으며 부모는 이 수업에 관여할 권한이 없을 것이다.

(9) 동성애자 결혼을 허용하지 않는 교회는 면세 자격을 잃게 될 것이다.

(10) 주 교육위원회가 교과 과정을 승인하지 않거나 아동이 학교 당국의 시험을 치르지 않는 홈 스쿨링은 위법이 되고, 진화, 성 등에 대한 현대의 가르침을 받아들여야 할 것이다.

(11) 논쟁의 여지가 있는 문제가 제시될 때(예를 들어 예수는 하나님께 가는 유일한 길) 공정을 기하기 위해 다른 시각에도 동등한 시간을 주어야 한다고 말하는 "공정성 원칙"이 시행될 것이다. 이것은 사실상 우리가 알고 있는 기독교 방송을 종식시킬 것이다.

(12) 10명이 넘는 사람들이 참석하는 성경 연구는 집회가 열리는 시/군/구의 허가 없이 집에서 열 수 없을 것이다.

황제에게 굴복하라는 압력은 상승할 것으로 예상된다. 세속주의는 느리지만 가차 없는 방식으로 진행될 것이고, 대항하는 어떤 반대도 분쇄될 것이다. 기적이 일어나 뒤집히지 않는 한, 인간의 자유에 대한 무시와 함께 어떤 형태의 전체주의가 나타날 것으로 예상된다. 종교의 자유를 믿는 사람들에게 갈등을 초래할 법이 의도적으로 제정될 것이다.

그리고 미국시민자유연맹과 같은 단체는 보통 교회나 선교회가 개인의 자유를 축소하는 법에 맞서 싸울 법적 비용을 부담할 수 없다는 것을 알고 있다. 교회는 변화를 따라가거나 아니면 그 결과를 감수해야 할 것이다. 적 그리스도가 나타날 때 그를 숭배하지 않는 사람들을 기소하는 법을 사용할 것이다. 다니엘 7:25은 시간과 법을 바꿀 것이라고 한다.

> 그가 장차 지극히 높으신 이를 말로 대적하며 또 지극히 높으신 이의 성도를 괴롭게 할 것이며 그가 또 때와 법을 고치고자 할 것이며 성도들은 그의 손에 붙인 바 되어 한 때와 두 때와 반 때를 지내리라 (단 7:25).

적 그리스도는 히틀러처럼 거짓말로 시작한 다음 법을 만들고, 마침내 주님으로 숭배될 것이다. 그의 통제력은 일반 생활의 세부 사항을 통제하고 수적으로 확장될 것이다. 그는 또 다른 히틀러로, 더 강력하고, 더 믿음직하고, 더 모독적이며, 더 잔인할 것이다.

당신의 법을 내게 보여줘, 그러면 나는 당신에게 당신의 신을 보여주겠다!

8. 악화되는 시간

"예수님이 곧 오실 것 같지 않은가 …? 상황이 지금처럼 나쁜 적이 없다고 생각한다!" 내가 교인들에게 이런 말을 들을 때, 그들은 나의 대답에 매우 놀라곤 한다. "이처럼 좋은 때는 거의 없었다!"

'그리스도인들에게는 이처럼 좋은 일이 거의 없었다!'라는 의미다. 내가 이 책을 쓰는 동안, 우리는 여전히 방송을 통해 복음을 전파할 수 있다(이 특권을 막는 것이 불가능하다면 더욱 어렵게 만들기 위한 법안이 검토 중일지라도). 우리는 여전히 이웃들에게 그리스도에 관해 증거할 수 있으며, 체포되지 않고 교회에 가서 다른 신자들과 함께 모일 수 있다. 이것은 그 자체로 우리가 특권을 가진 사람들임을 의미한다. 2천 년 동안 교회에는 우리처럼 많은 자유가 없었다. 수 세기에 걸쳐 박해를 견뎌냈으며, 거짓 비난, 심지어 죽음까지도 ….

우리는 우리의 자유를 지키기 위해 헌신하는 조직에 매우 감사드린다. 헌법이 보장하는 자유를 보존하기 위해 수많은 법정 싸움에서 승리한 '연합방위기금'(Alliance Defense Fund, www.alliancedefensefund.org)에 대해 하나님께 감사한다. 그런 조직은 우리의 존중, 기도 및 지원을 받을 자격이 있다. 법원으로서 미국도 마찬가지다.

우리는 여러 가지 방법으로 그리스도인들에게 공식적인 적대감을 느끼고 있는 나라에서 하나님께 우리의 믿음과 용기를 보여줄 기회를 주신 놀라운 때에 살고 있다. 우리는 교회가 억압적인 통치자의 손아귀 아래 고군분투한 것이 이번이 처음이라고 생각하거나 놀라지 말아야 한다.

사드락, 메삭, 아벳느고 이 세 영웅들의 삶의 한 장면을 보라. 그들의 왕 느부갓네살은 자신이 만든 그의 우상에 절하는 법을 만들었다. 그러나 이 세 친구는 절하는 것을 거부하고 다음과 같이 말한다.

> 느부갓네살이여 우리가 이 일에 대하여 왕에게 대답할 필요가 없나이다. 왕이여 우리가 섬기는 하나님이 계시다면 우리를 맹렬히 타는 풀무 불 가운데에서 능히 건져내시겠고 왕의 손에서도 건져내시리이다. 그렇게 하지 아니하실지라도 왕이여 우리가 왕의 신들을 섬기지도 아니하고 왕이 세우신 금 신상에게 절하지도 아니할 줄을 아옵소서(단 3:16-18).

이 영웅들은 신앙의 자유가 필수적인 것이 아니라는 것을 증명했다. 우리는 정치적인 싸움에서 반드시 이길 필요는 없다. 우리는 위협과 제재에도 불구하고 우리의 헌신을 보여줄 것이다. 우리는 입법자나 미국 법원이 우리가 해야 할 일, 즉 개인 및 연합된 증인으로서 그리스도를 전하는 일을 좌절시키도록 허용해서는 안 된다. 우리의 자유가 줄어듦에 따라, 우리의 증언은 더욱 집중되고 도전이 된다.

우주의 대법원이 우리에게 준 도덕률에 순종하자.

우리는 오직 그분에게만 복종하고, 그분만을 경배하자.

Sola Dei Gloria!

제4장
국가를 바꾸는 선전

1. 선전은 힘이 있다

히틀러는 자신의 목적을 달성하는 것은 정치적인 혁명보다 선전이 효과적이라는 것을 어렵게 터득했다. 1923년 그는 뮌헨의 행진을 통해 바이에른 정부를 전복하려 했으나 경찰에 의해 저지되어 실패하고 말았다. 그는 반역을 시도했지만 자신을 변호할 기회를 얻었고, 그의 연설이 신문을 통해 널리 읽혀지자 매우 기뻤다.

히틀러는 불공정한 베르사유 조약에 반대하고, 제1차 세계대전의 손실이 유대인들의 책임이라는 광범위한 믿음을 전파함으로써 독일 사람들이 분노에 어떻게 대처해야 하는지 알렸다. 히틀러는 대중에게 설득력 있는 거짓말을 함으로써 대중을 이끌어갈 수 있다는 것을 알았다.

재판이 끝났을 때 그는 반역죄로 1년 형을 선고받고 랜즈버그교도소에서 수감되었다. 그는 그곳에서 『나의 투쟁』을 쓸 시간이 있었고,

그의 의제를 이행하기 위한 기본 계획을 간략하게 설명했다. 그는 선전의 가치를 반영하고 표현할 시간이 있었고, 그는 가짜 정보를 능숙하게 사용하여 브라운 셔츠가 할 수 없는 것을 확실하게 달성할 수 있음을 보여주었다.

나는 히틀러가 선전의 힘에 대해 말한 것을 주의 깊게 읽기 위해 시간을 들였다. 그는 적대적인 군중을 사로잡는 데 사용하는 기술을 설명했다. 그는 분노를 불러일으키는 방법, 상대가 목소리를 내기 전에 제압하는 방법, 히틀러 철학의 근거에 주목하게 하는 방법을 알고 있다. 내 생각에 그는 인간 본성을 읽고 열성적인 추종자를 얻기 위해 대중을 조작하는 방법의 선수였다.

히틀러가 만약 추종자를 확보하기 위해 오늘날의 미디어를 사용했더라면 어떻게 되었을까?

히틀러는 책이 결코 혁명을 가져올 수 없다고 믿었다. 청중과 연결될 수 있는 사람이 전달한 구호만이 그들을 급진적인 의제로 바꿀 수 있었다. 그는 세상을 허물고 그 자리에 다른 세상을 건설하고 싶을때 무엇보다도 지지자와 단원들을 분리해야 한다고 말했다. 선전의 기능은 지지자들을 끌어들이고 사람들의 마음을 바꾸어 그들이 운동의 목표와 철학에 동의하도록 하는 것이었다. 단원들은 그 운동을 지지할 뿐만 아니라 한 걸음 더 나아가 히틀러 대신 기꺼이 싸울 사람들이었다.

히틀러가 『나의 투쟁』에 쓴 것을 주목하라.

> 선전의 첫 번째 임무는 후속 조직을 위한 사람들을 얻는 것이다. …
> 선전의 두 번째 임무는 현 정세를 붕괴시키고 새로운 교리를 침투시
> 키는 것이며, 조직의 두 번째 과제는 권력을 위한 투쟁이어야 하므
> 로 교리의 최종 목적을 달성하는 것이다(『나의 투쟁』은 천만 부 이상 팔
> 려 히틀러를 부자로 만들었다-역주).[1]

히틀러는 선전은 사람들이 혁명의 길로 나가도록 그들을 철저히 준비시키는 데 사용해야 한다고 하였다. 그는 말했다.

> 새로운 삶의 철학을 가능한 한 모든 사람에게 가르치고, 필요할 때
> 사람들에게 그것을 따르도록 강요하였을 때 가장 놀라운 혁명의 성
> 공은 성취될 것이다.[2]

그렇다. 정보는 그 땅의 법이 되고, 그 법에 감히 반대하려는 사람들에게는 분노하면서 시작되는 것! 그는 "증오심은 싫어하는 것보다 더 오래간다"라고 말했다. 만약 그가 독일인들을 희생자로, 유대인들을 가해자로 묘사한다면, 유대인에 대한 증오는 그의 정책에 기름을 부었을 것이다.

히틀러가 오늘날의 미디어를 이용하여 추종자를 확보할 수 있었다면 어땠을까 생각하면 오싹해진다. 그의 연설, 라디오 방송 및 선전 영화도 설득력이 있었지만, 현대적이고 즉각적인 의사소통 수단을 통해 그의 목적은 훨씬 쉽게 달성되었을 것이다. 호소력 있는 메시지와 웅변의 힘을 가진 열정적인 지도자는 인터넷과 텔레비전을 통해

전 세계에 파괴적이며 또 다른 문화 운동을 빠르게 전파할 수 있었을 것이다.

나치 독일에서 사람들은 정부가 보여주고 싶어 하는 것만 보고 들려주는 것만 들을 수밖에 없었다. 나치는 영화 제작은 물론 학교에서 사용하기 위한 교과서도 검열했다. 나치 이상과 맞지 않는 책은 불태워졌거나 불법이 되었다. 어린이 그림책은 유대인을 비하하고 아리아 민족의 영광을 강조했다. 그리고 그것은 효과가 있었다.

물론 숙련된 선전가들이 알고 있듯이, 지도자는 대중들에게 실제로 사람들을 어디로 데려가려고 하는지 "최종 목적"을 절대 이야기하지 않는다. 모든 "제안"은 대중이 자신의 이익을 위한 것이라고 굳게 믿고 두려워하지 않고 확신하도록 만들어야 한다. 안건의 이면(감춰야 할 것)은 공개되어서는 안 되며, 만약 공개되는 경우 친숙하고 친근한 용어로 순화해야 한다.

2. 선전 문구의 힘

『1984년』 소설에서 조지 오웰의 오싹한 전체주의 국가인 오세아니아에서는 소위 진실부가 사람들을 세뇌시키기 위해 교묘하고 사악한 언어 "뉴스피크"(Newspeak, 모호하고 기만으로 가득 찬 표현)를 어떻게 사용했는지 적절하게 설명을 하고 있다. 오세아니아의 강령은 "전쟁은 평화이며 자유는 노예 제도이며 무지는 힘이다." 새로운 사상 경찰은 문화의 정치적, 도덕적 견해를 결정하는 사상을 통제할 수 있었다. 개인의 자유 철회는 대중들에게 좋은 것처럼 팔렸다. 노예 제도는 국가의 자유와 번영의 관문으로 제시되었다.

히틀러는 용어와 선전 문구가 더 큰 호소력이 있다는 것을 알고 있었다. 그는 자신의 목표를 달성하기 위해서는 사람들의 독립적인 사고나 능력이 억제되어야 한다는 것을 알고 있었다. 따라서 악의적인 목적을 달성하기 위해 언어는 반드시 변질되어야 했다.

3. 범죄 위장을 위한 언어 순화

최근에 나는 120만 명이 살해된 폴란드 강제 수용소 아우슈비츠를 여행했다. 캠프에서 죽은 어린이들의 아동용 신발 수천 켤레가 전시된 것을 보았을 때 우리는 모두 눈물 흘릴 곳을 찾기 위해 돌아섰다. 히틀러는 아이들을 굶겨 죽이는 것을 "저칼로리 다이어트"라고 불렀다. 그리고 유대인의 전멸은 "땅을 청소하는 것"이라고 불렀다. 안락사는 "최고의 현대 요법"으로 불렸다. 아이들은 "어린이 전문 센터"에서 죽어갔다.

히틀러의 동료들은 수백만을 멸절시키기 위한 계획을 세운 후에도 사람들을 죽일 것이라고는 거의 말하지 않았으며, 지도자들은 "최종 해결책"과 같은 추상적 구호로만 연설했다. 순화된 용어는 극악무도한 범죄를 위장하는 데 사용되었다. 계획된 학살은 순진한 사람을 오도하고 가해자의 양심 가책을 덜어주기 위해 임상 용어로 언급되었다.

물론 우리도 마찬가지다. 태아를 살해하는 사람은 아무도 없다. 오히려 임산부는 "수태의 산물을 제거"하거나 단순히 "임신을 종료하는 것"이라고 한다. 정치인들은 "여성이 선택할 권리"가 있다고 말하지만 … 그들은 거의 문장을 완성하지 못한다. 어쨌든 그들이 낙태를 결심한 여성의 권리를 지지한다고 말하는 것은 너무 직설적이고, 분명하고 냉정하기까지 하다.

동성애 행위는 "대체적인 생활 방식"에 지나지 않는 것으로, 간음은 덜 악의적인 말인 "외도"로 축소된다. 종교를 비하하고 부도덕을 조장하는 학교는 "가치의 자유"라고 하며, 종교 연설을 거부하는 법은 "공정성 교리" 또는 단순히 "지역주의"를 촉진하는 것이라고 한다. 역사적으로, 끔찍한 범죄가 자유라는 이름으로 저질러졌다.

4. 자발적 장님

나는 당신이 확신하는 바와 같이 내가 "문화적 흐름"이라고 부르는 것의 힘을 관찰했다. 이 흐름은 언론에 의해 촉진된다. 신화를 절실히 믿고 싶어 하는 비판적 집단에 의해 기꺼이 채택된 지배적인 사상은 반대의 증거가 나와도 모두 무시될 것이다.

사람들은 그런 문화적인 운동이 탄력을 받으면 사실을 보고도 자신이 원하지 않는 것은 걸러낸다. 그들이 가장 원하는 바에 따라 반대의 증거는 무시되거나 재해석될 것이다. 그리고 신화를 믿는 사람들이 많을수록 그것에 대항하려는 사람들은 더욱 힘들어진다. 도취한 영혼은 경고 신호를 무시한다. 우리가 그것을 알기 전에, 우리는 사실들이 중요하지 않은 세상에 있다.

히틀러는 역시 이런 문화 운동을 믿었다. 그는 많은 사람이 개별적으로 마음을 바꾸지 않을 것이라고 믿었다. 그러나 그들이 수천 명의 확신에 찬 추종자들로 가득한 군중 속에 있다면 마음을 바꿀 것이라고 믿었다. 히틀러는 다음과 기술했다.

> 구도자가 수천 명의 군중 속에 발을 들여놓을 때, 그 수천 명의 눈에 보이는 성공과 합의가 그에게 새로운 교리의 정당성을 확인시켜줄 때, 구도자는 암시적 도취와 열정의 강력한 영향에 휩쓸린다.[3]

우리는 "눈에 띄는 손톱이 뭉개진다"라는 속담을 알고 있다. 히틀러는 "의혹을 품은 자들이 열렬한 다수의 군중 한가운데서 자신이 소수라고 생각할 때 생각을 바꿀 것"이라고 말했다.

> 의심하는 자는 그런 경험을 통해 우리가 대중의 의견으로 제시한 마법의 영향에 굴복하게 된다.[4]

히틀러는 "정부가 관리하는 사람들이 생각하지 않는 것이 얼마나 다행스러운가!"라고 말했다.

아마 나치 독일에서 가장 오래도록 지속한 교훈은 단순히 자신의 생활에만 관심이 있는 평범한 사람들을 설득력 있는 선전, 협박 및 대중 행복의 힘을 통해 악한 운동의 일부가 되도록 동기를 부여할 수 있었다는 것이다. 평범한 사람들은 모든 사람이 줄을 서서 보상을 받을 것으로 예상하는 문화적인 흐름에 휩싸일 때, 결코 불가능하다고 생각한 잔혹 행위를 저지를 수 있다. 그런 환경에서, 강을 거슬러 수영하는 사람들은 허위 진술, 허위 증거 및 조롱으로 악마화된다. 조직에 흡수되기를 거부하는 합리적이고 정상적인 사람들조차도 그런 압박으로 인해 자신의 정신 상태를 의심하기 시작한다.

다른 사람이 모두 잘못되었을 때 홀로 의로울 수 있을까?

본회퍼 목사는 히틀러가 독일의 수상으로 선출되었을 때 독일에 대해 경고했지만, 사람들은 그들을 번영으로 이끌 강력한 지도자를 갈망했기 때문에 아무도 귀 기울여 듣지 않았다. 그래서 그들은 히틀러의 월권에 눈을 감았다. 사람들은 자신이 믿는 열정 때문에 경고 신호를 간과했다. 그리고 문화적인 흐름이 넓어지고 빨라지면서 상류를 향해 헤엄치는 사람은 파괴적인 존재로 간주했다.

리처드 테렐(Richard Terrell)은 다음과 같이 말했다.

> 터무니없는 말로 진실과 뜻을 분별하지 못하는 비판적인 집단을 만들라. 그러면 당신은 최초의 카리스마 넘치는 지도자가 출현할 준비가 되어 있는 사회를 갖게 될 것이다.[5]

처칠은 주장했다. "뭔가를 믿고자 하는 욕구는 합리적인 주장보다 훨씬 설득력이 있다." 왕을 너무나도 간절히 바라고 하나님께 순종하기를 거부한 고대 이스라엘처럼, 오늘날 사람들은 자신이 원하는 것을 행하고 그 결과에 신경 쓰지 않는 경향이 있다.

모두가 원한다면 누가 그 기세에 저항할 수 있겠는가?

꾸며진 세계는 현실의 추한 면이 일상적으로 무시되는 곳에서 만들어진다.

5. 미국의 신화

에이즈가 반복적으로 헤드라인에 등장한 1980년대 초로 돌아가서 생각해 보자. 바이러스가 지역 사회에서 만연하여 미국의 동성애 운동은 황폐해졌다.

동성애자들은 그것이 "동성 질환"이라는 인식이 추진력을 얻고 있음을 알고 있었다.

문제는 이런 인식을 어떻게 바꿀 수 있었을까?

동성애자 그룹은 자신의 이미지를 바꿀 선전 캠페인이 필요하다고 생각했다. 그들은 그들의 접근 방식을 공식화하려고 일부러 히틀러의 선전 방법을 사용했다. 실제로 '무장동성애단체'(ACT-UP, a militant homosexual group)의 창시자인 에릭 폴라드(Eric Pollard)는 히틀러의 『나의 투쟁』이 동성애 전략에 사용된 모델이라고 공개적으로 인정했다.[6] 에릭 폴라드는 "히틀러는 항상 선전은 큰 거짓말을 하는 것이 작은 거짓말을 하는 것보다 낫다"라고 했다. 히틀러는 그의 저서 『나의 투쟁』에서 다음과 같이 언급했다.

거짓말의 정도는 항상 어떤 신뢰의 특정 요소를 포함하고 있으며, 거대한 집단의 사람들 깊은 마음속에는 의식적으로 또는 의도적으로 악하기보다는 부패하는 경향이 있다. 따라서, 그들 마음의 원시적인 단순성을 볼 때, 그들은 작은 거짓말보다 더 큰 거짓말에 쉽게 희생된다. 왜냐하면, 그들 자신은 큰 거짓말은 부끄러워하고 작은 일들로 거짓말을 하기 때문이다. [7]

히틀러는 큰 거짓말은 항상 사람들의 마음에 남을 것이라고 말했다. 그런 다음 그는 "사람들에게 영리하고 끈기 있는 선전을 통해 천국조차도 지옥으로, 반대로 가장 비참한 삶을 천국으로 표현할 수 있다"라고 말했다.[8] 이 모든 것이 "관용"이라는 배너 아래 팔리고 있다는 것을 기억하라!

그렇다면 동성애자들이 천국을 지옥으로, 지옥을 천국으로 표현한 의도는 무엇일까?

1987년에 『이성애 미국의 개조』(The Overhauling of Straight America)라는 제목의 기사가 출판되었고, 1990년에 그들의 계획을 상세히 기술한 『파티가 끝난 후』(After the Ball)라는 제목의 책이 출판되었다. 그들은 믿을 수 없을 만큼 성공했다. 그리고 이 문화의 흐름에 맞서 헤엄치는 사람들에게는 큰 고통이었다.

시어스와 오스텐(Sears and Osten)의 저서 『동성애 어젠더』(Homosexual Agenda)에서 동성애 운동이 어떻게 미국을 변화시켰는지 설명한다. 그들은 동성애자들이 그들 운동의 촉진 및 그들의 대의에 대한 미국인들의 태도를 바꾸기 위해 사용했던 방법을 요약한다. 그들의 연구에 기초하여 나는 선전의 힘을 설명하기 위해 동성애 전략에 대한 간단한 개요를 제공하려고 한다.

6. 반대자들을 지치게 만들라

『파티가 끝난 후』(After the Ball)의 저자인 마샬 커크 와 헌터 커크 매드슨(Marshall Kirk and Hunter Kirk Madsen)은 동성애자들은 "동성애자와 동성애에 대해 가능한 한 큰 소리로 자주 이야기해야 한다"라고 말한다. 당신이 아주 길고 집요하게 당신의 지인들에게 노출되면 그들에게 모든 행동이 정상적으로 보이기 시작한다고 주장한다. 그들은 "문제가 철저히 귀찮게 될 때까지 게이에 관해 이야기하는 것이다."[9] 그들의 뜻을 기꺼이 받아들이도록 완전히 지칠 때까지 상대방을 피곤하게 만들기 바란다. 단번에 이성애 미국에 도달하려고 캠페인의 초기 단계부터 동성애 행위의 조기 노출로 인해 대중에게 충격을 주거나 반발하게 해서는 안 된다. 대신에 성에 대한 이미지는 경시하고 게이의 권리는 가능한 한 추상적, 사회적인 문제로 축소해야 한다.

책의 저자는 언론이 그들의 운동에 중요한 역할을 하리라는 것을 알고 있었다. 그들은 덧붙였다.

> 미국인의 평균 텔레비전 시청 시간은 매일 7시간이 넘는다. 그 시간은 트로이 목마가 통과될 수 있는 시간으로 곧바로 개인을 세계로 인도하는 관문을 열어준다.

그렇다. 그들은 그들의 뜻에 반대할지도 모르는 종교인들에게 침투하여 사기를 떨어뜨리기 위한 상세한 전략을 마련하고 있다.

7. 감정에 호소

히틀러는 "합리적 주장 아래 청중의 감정을 사로잡을 필요가 있다"라고 말했다. 따라서 동성애 운동의 전략은 "동성애자를 공격적인 도전자가 아닌 희생자로 묘사하는 것"이다. 그들은 미국인의 기본적인 공정성과 자유주의적인 죄책감에 호소하기 위해 억압을 받았다고 주장하는 사람에 대해 희생자라는 단어를 사용한다.

따라서 그들은 자신을 특별한 보호가 필요한 "희생자 계급"으로 묘사하는 분위기를 조성했다. 물론 유행어는 "관용"과 "공정" 그리고 "사랑"이다. 그리고 박해를 받는 소수파로 자신을 묘사하면서 미국인들의 동정심을 얻었다. 그러나 한 전 동성애자가 말했듯이, "압제를 당했다는 집단이 압제자가 되었다는 것을 보는 것은 놀라운 일이다."[11]

감정은 이성적 합리적인 주장보다 더 강력하다는 것을 기억하라. 간단히 말해, 반대자를 단순히 악마화시켜라!

8. 정당하고 옳게 묘사하라

이들의 셋째 원리는 "동성애자 보호자에게 '정당한 명분'"을 주는 것이다. 이것은 과거에 아프리카계 미국인에게 했던 것처럼 잘못되었다고 말하면서, 그들의 의제를 시민권과 묶는 전략이다. 따라서 그들의 대의를 지지하는 개인들은 사회 정의 문제, 즉 소위 적대적인 사회에서 동성애 권리를 보호할 필요성에 따라 동기를 부여받게 된다. 커크와 매드슨은 다음과 같이 말한다.

> 게이들을 사회의 희생자로 내세우고 사람들이 보호자가 되도록 장려하는 미디어 캠페인을 펼쳐야 하며, 새로운 관점을 주장하고 설명하는 사람들이 더 쉽게 설명할 수 있도록 노력해야 한다.[12]

동성애자들은 반드시 선한 이미지로, 가해자들은 악한 이미지로 보이게 해야 한다. 저자는 "우리는 동성애 반대자들을 추악하게 만들어 일반 미국인들이 그런 유형의 이미지를 갖는 것을 싫어하도록 만들 작정이라고" 썼다.[13]

히틀러는 반대자들의 신뢰성을 완전히 파괴하는 것이 필요하다고 믿었다. 그는 단 한 점이라도 반대자들이 옳을지도 모른다는 것을 절대로 인정하지 말아야 한다고 말했다.

합법적인 종교적 신념, 자연법, 또는 가족과 아이들의 이익을 위해 동성 결혼에 반대한다는 것을 동성애자들은 절대로 인정하지 않는다. 오히려 동성애 반대자들을 "완고한 편견자," "우익 급진파,"

"박해자," "나치," "선동자"들이라고 부른다.

누가 그런 사람들과 어울리기를 원하겠는가?

다시 말하지만, 사용된 언어는 강력한 이미지로 포장하여 토론과 합리적인 사고를 억누르기 위해 사용된다.

오늘날 미디어는 종종 동성애 의제, 사회주의 또는 임신 중절 반대의 소송들에 감히 도전하는 사람들에 대해 개인적인 공격을 한다. 유감스럽게도, 문화 전쟁에서 우리 편인 사람들조차 때때로 그들에게 호의를 보낸다. 사람들을 "동성애 공포증" 또는 "증오" 및 "종교적 광신자"라고 부르는 것은 비평가가 문제를 다루지 않아도 되기 때문에 매우 편리하다. 히틀러는 정치 또는 사회 철학에 대한 합의를 만들려면 반대자들을 '악마화' 해야 한다고 말했다. 반대의 대가를 가능한 한 터무니없이 비싸게 만들어라.

거짓말은 동성애 의제를 발전시키는 데 사용된다. 커크와 매드슨은 "동성애자를 정상적으로 묘사하는 광고가 거짓말이라는 것은 우리에게나 편협한 자들에게나 아무런 차이가 없다"라고 말했다.

저자는 다음과 같이 말한다.

> 비록 그것이 사실일지라도 선전은 뻔뻔하게 주관적이고 일방적일 수 있다.[14] 거기에 절대로 잘못은 있을 수 없다. 적들이 상대방에게 복수심으로 말하는 것이라고 믿을 수 있어서 선전은 자기 편의 이야기를 가능한 한 감동적이고 믿을만하게 말해야 한다. … 심금을 울리는 전투에서 효과적인 선전이란 전력을 다해야 한다는 것을 명심해야 한다. 이것이 바로 미디어 캠페인이 해야 할 일이다.[15]

언론은 동성애 운동과 손을 잡고 미국인들의 태도 변화를 지지하는 데 앞장서고 있다. 오늘날 발전하는 문화 흐름은 텔레비전, 신문, 인터넷의 힘을 보여준다. 선전이 작동하고 있다.

9. 순응하는 미디어

언론은 동성애 의제에서 챔피언이었다. 언론은 가능하면 항상 동성애자의 권리를 장려하고 동성애 공동체의 압력에 굴복했다. 네트워크 코미디는 간통, 간음 및 동성애에 관한 이야기로 가득하다.

"동성애자" 캐릭터는 항상 사랑스럽고 친절하며 정상적으로 묘사되는 반면, "보수적"인 사람들은 일반적으로 심판자, 분노자, 고집불통으로 묘사된다. 동성애 운동가들은 유머가 동성애 생활 방식에 대해 사람들을 둔감하게 만드는 데 사용될 수 있음을 알고 있다. 유머는 그들의 의제를 장려하기 위해 미국 대중을 부드럽게 하는 최고의 무기이다. 동성애자와 소아애자의 간통에 대해 사람들이 웃을 수 있게 만들면 대중은 저항을 무너뜨리고 이 행동을 더 잘 받아들이게 된다.

'게이와 레즈비언 명예 훼손 방지 동맹'(GLAAD: Gay & Lesbian Alliance Against Defamation)은 언론의 동성애 묘사를 감시한다.

동성애자를 긍정적인 시각으로 묘사하지 않으면, 이들은 언론이 동성애 불만에 굴복하도록 압력을 가할 것이다. 언론은 동성애 결혼과 폭넓은 동성애 의제에 대한 문화 의식 형성을 위해 능숙한 역할을 해 왔다. 동성애자에게 불쾌감을 주는 것은 궁극적으로 죄가 되는 것이다.

만약 그리스도인들이 네트워크상에서 그리스도인들을 절대로 부정적으로 묘사해서는 안 된다는 합의를 한다면 당신은 어떤 소동이 일어날지 상상할 수 있는가?

우리는 증오로 가득 찬 검열관으로 낙인이 찍힐 것이다. 그러나 동성애 의제를 기꺼이 수행하는 언론 매체는 "동성애감시단체"(Watch Dog: 감시견) 그룹이 원하는 모든 것을 신속하게 반영한다. 예를 들어 동성 결혼의 정당성을 부정하고 거부하는 사람들은 "동성애 공포증" 또는 "증오자"로 만든다.

앨런 시어스와 크레이그 오스텐(Alan Sears and Craig Osten)은 다음과 같이 말한다.

> 일상적으로 미국 전역(사실 어떤 지역은 다른 지역보다 심함)에 걸쳐 유치원 어린아이들이 동성애 행동을 정상적으로 받아들이지 않으면 부모가 "바보"이거나 "고집불통"이거나 또는 "관용"이 없다고 한다. 어떤 수업에서는 게이의 자존심 행진과 행사를 홍보하기 위해 아이들을 모집하기도 한다.[16]

미디어의 긍정적인 묘사에 의존하는 유일한 다른 그룹은 무슬림 공동체다. 네트워크는 무슬림을 공격하는 것을 두려워한다. 명예 살인 사건은 보도되지 않았으며 무슬림 문화에서 여성의 역할은 종종 간과되었다. 역사에도 불구하고(몇 가지 주목할 만한 예외가 있었음에도),

무슬림 종교는 그 반대의 증거가 계속 나타나더라도 평화의 종교로 묘사되고 있다.

10. 엘리트들의 배신

우리는 미국의 미디어가 우리 문화의 감시자로서 긍정적인 역할을 하는 것에 감사한다. 정부 부패, 약하거나 소외된 이들의 곤경과 그 밖의 문제들을 조명함으로써 그에 따른 혜택이 있었다.

그러나 우리는 문화의 흐름이 커지고 있는 상황에서 그들이 스스로 독립성을 유지할 거라고 기대할 수 없다. 결국, 그들은 우리를 배신할 것이다. 결국, 그들은 시청률과 자신의 생존을 위해 우리를 배신하고 독립성을 훼손시키거나 파괴할 힘이 있는 집단을 불쾌하게 만들지 않을 것이다. 나치 독일에서는 자유에 대한 사랑을 고백했던 엘리트들이 국민을 배신했다. 알베르트 아인슈타인(Albert Einstein)의 말을 들어보자.

> 나치 혁명이 일어났을 때 나는 자유를 사랑하는 한 사람으로 지식인들이 자신들을 항상 진실의 대의에 헌신한다고 자랑하고 있다는 것을 알면서 그들을 옹호하기 위해 대학을 찾았다. 그러나 실상은 그렇지 않았다. 대학들은 침묵 속으로 도망쳤다. 그러다 나는 며칠간 빛을 발하는 사설로 자유에 대한 사랑을 선포한 위대한 신문 편집자들을 보았다. 하지만 그들은 대학들처럼 몇 주 만에 침묵을 지켰다. 나

는 저술가들, 독일의 지식인이라고 자처하는 사람들 그리고 자유 문제와 현대 생활에서 그들의 위치에 대해 자주 논의한 사람들에게 연설했다. 그들도 깊은 침묵에 빠졌다. 교회 만이 진리를 사수하기 위해 히틀러의 캠페인을 막고 있었다. 나는 이전에 교회에 대한 특별한 관심을 두지 않았지만, 이제는 교회만이 지석 진리와 노녁석 자유를 지지할 용기와 끈기를 가지고 있었기 때문에 그 교회에 큰 애정과 감탄을 느낀다. 나는 내가 한때 멸시한 것을 이제는 전적으로 칭찬한다고 고백한다.[17]

우리는 가끔 나치 시대의 교회를 비판하지만, 아인슈타인은 교회만이 유일하게 히틀러를 반대했다는 것을 알려주었다. 교회가 해야 할 일이나 할 수 있는 모든 일을 하지 않았을 수도 있지만, 교회가 무엇인가를 했다는 아인슈타인의 증언을 통해 교회는 독일의 영웅이었으며, 거기에는 나치 정권의 도덕적 붕괴를 막기 위해 위험을 무릅쓴 사람들이 많았다.

나치 시대의 모든 대학과 신문은 역사상 가장 큰 잔학 행위를 하면서 나치의 조류와 함께 유영을 마쳤다. 그들은 "독립"을 외쳤지만, 문화로서 널리 받아들여지는 운동에 반대할 용기가 없었고 그들의 편견과 신념 그리고 소명에 눈을 감은 집단의 일부가 되었다.

미국도 마찬가지다. [그리고 진실이 될 것이다]. 우리 대학들은 포르노 작가, 미국 혐오자, 동성애 운동가들의 자유를 촉진할 것이다. 그러나 반대로 자신의 신념을 드러내는 기독교 학생들이나 가족 가치나 세상에 대한 기독교적인 견해를 옹호하는 연설자들에게까지 그런 자유를 확대할 것이라고 기대해서는 안 된다. 시카고 지역에 있는 내 친구 한 명이 대학 캠퍼스에서 동성애 운동가와 토론을 벌일 예정이라고 발표하는 것만으로도 분노를 불러일으켜 그 토론은 연기되었다(참고. 그들은 동성애 의제에 반대하는 토론조차도 참을 수 없다! 관용이라는 단어는 문화적인 흐름에 반대하는 사람들에게는 적용되지 않는다).

미국에서 방송의 다양성 때문에 지배적인 문화적 흐름에 도전하는 데 있어 미디어가 항상 공정하고 올바른 말을 한다고 생각할 수 있다. 그러나 동성애에 대한 모든 비판이 증오심이 표출되고, 모든 라디오 방송국에 방송 내용을 검토하는 지역 위원회가 있어야 한다는 법률이 제정되고, 이슬람에 대한 모든 비판이 증오 범죄로 간주되고, 급진적인 무슬림들이 미국에서 "명예 살인"을 보도하는 뉴스 매체를 위협하거나 '샤리아법'(Sharia law)이 집행되고 이를 드러낼 때까지 기다릴 것이다.

"공정과 균형"을 위해 큰 대가를 치러야 할 때가 되면, 우리는 모든 뉴스 조직이 심지어 우리의 정체성과 관련된 문제에 대해서도 침묵할 것이라고 확신할 수 있다.

유럽은 우리에게 교훈을 준다. 네덜란드의 국회의원 헤이르트 빌더르스(Geert Wilders)의 사례를 참고해 보자. 그는 이슬람에 반대하는 연설을 했으며 이슬람 문화에서 곤경에 처한 여성을 묘사한 영화를 만들었다. 그는 유럽이 이슬람을 멈추지 않으면 모든 것이 사라질 것이라고 경고했다. "우리는 정체성, 문화 그리고 민주적 자유와 문명을 잃을 것이다."

예상되었지만, 그가 가는 곳에는 항상 경호원이 동행해야 했다. (이슬람에서 여성의 태도와 대우에 관한 도발적인 영화를 제작한 영화 감독인 테오 반 고흐[Teo Van Gogh]가 2004년 암스테르담 거리에서 어떻게 잔인하게 살해되었는지 기억하라.)

11. 확장되는 격류에서

와일더스 박사(Dr. Wilders)는 엘리트들이 유럽을 배신하고 있다고 말한다. 유럽 지도자들은 이슬람이 평화의 종교라며 카메라를 통해 찬양하지만, 카메라를 끄면 무슬림의 위협에 대처하는 방법을 모르겠다고 겁에 질려 있다.[18] 그들은 두려움으로 신념에 대해 말할 용기가 없다. 점점 거대해지는 강에서 수영하기는 쉽지 않다.

앞서 언급한, 헤이르트 빌더르스에 대해 네덜란드 항소 법원은 기소를 명령하고, 영화 제작자들에게 급진적인 이슬람의 위협을 폭로한 그의 영화에 대해서 무슬림들에 대한 "증오와 차별을 불러일으키고 있다"라고 고발했다. 이 사건은 무슬림 운동가 단체와 동조자들이 이슬람신학에 대해 어려운 질문을 하는 모든 사람을 침묵시키려는 일련의 시도 중 가장 최근의 사건이다.

무슬림들이 동성애 운동가들과 함께 미국의 "증오 범죄" 법안을 지지하는 것은 놀라운 일이 아니다! 이 글을 쓰는 시점에 유엔은 이슬람에 대한 모든 비판을 범죄로 만드는 결의안을 준비하고 있다. 불행히도 기독교나 다른 종교는 동등한 대우를 받지 못할 것이다. 의심할 여지 없이 이 모든 것이 "관용" 이나 "공정성" 또는 "동등한 권리" 또는 "사랑"이라는 이름으로 팔리고 있다.

캐나다의 목사 마크 하딩(Mark Harding)은 감옥에 수감되는 대신 북아메리카 이슬람 사회에서 340시간의 지역 사회 봉사를 하도록 선고되었고, 무슬림센터의 사무장인 모하메드 아쉬랖(Mohammed Ashraf)의 교화를 받았다.

하딩의 범죄는 코란 사본을 학생들에게 (9/11 테러 이후 미국에서) 배포하려는 고등학교의 결정과 이슬람 학생들을 위한 기도 방을 마련하기로 한 학교의 결정에 반대했다는 것이다. (결국, 그리스도인과 유대인 등에게는 그런 것이 허용되지 않는다.)

이로 인해 그는 캐나다의 "혐오 범죄" 법률에 따라 재판을 받았다. 그는 3천 명이 넘는 사람들로부터 증오로 가득 찬 전화를 받았으며, 그중에 많은 사람이 살해 위협을 했다. 그가 법정에서 나오자 경찰의 보호가 필요했다. 캐나다는 매우 많은 언론의 자유가 있지만, 대부분 캐나다 언론은 그 이야기를 다루지 않았다.[19]

여기 미국의 한 법무부 장관은 나에게 지금까지 교회는 종교의 자유가 행사될 수 있는 여지가 있다고 말했다. 그러나 교회가 동성 결혼을 허용하지 않으면 교회는 세금 면제를 받지 못할 것이라고 말했다. 그는 많은 교회를 파산시킬 끝 없는 소송도 예상했다. 우리는 이미 "원하는 모든 사람은 성별과 관계없이 결혼할 수 있는 헌법적 권리를 가지고 있다."

따라서 교회는 동성 결혼을 추구하는 사람들을 차별함으로써 법을 어기거나, 법적으로 보호되는 편견을 가진 행위를 모욕해서는 안 되는 권리를 침해함으로써 법을 어기게 된다. 그리고 다음 단계는 법을 바꾸고 교회가 면세 상태에서 동성애자들의 결혼식이나 고용을 거부할 권리가 없다고 말한다.

앞서 언급한 바와 같이, 연방통신위원회(FCC: Federal Communications Commission)는 미국 라디오 방송국이 지역 사회의 관심사와 관련된 프로그램에 다양성을 제공할 수 있도록 자문위원회를 설치하도록 제안했다.

연방통신위원회는 새로운 규칙을 준수하는 방송국의 면허를 갱신하기 위해 그 권한을 사용할 것을 요청받았지만, 이것이 장기적으로 무엇을 의미하는지는 아직 알 수 없다.

이것은 무슬림들이 무슬림 인구가 많은 지역에서 기독교 라디오 방송국의 이사회에 참석한다는 의미인지 아니면 세속주의자가 자신의 관점을 공정하게 표현하기 위해 방송에 참여하려는 의도인지 우리는 기다려 보아야 할 것이다.[20] 따라서 수정 헌법 제1조에도 불구하고, 강력한 세속 정부는 여전히 시민들이 듣거나 듣지 말아야 할 것을 통제하려고 노력할 것이다.

12. 우리는 어디로?

1세기에 이교도 정권에 살고 있었던 그리스도인들 상태로 돌아가 보자. 사람들이 예수를 믿는 것에 대해 로마는 신경 쓰지 않았다. 로마에는 많은 신이 있었으며, 예수는 그 많은 신 중 하나였고 그것은 로마 당국의 관심사가 아니었다. 로마가 허용할 수 없었던 것은 "예수가 하나님께 가는 유일한 길이며 하나님의 독생자"라는 것이었다.

이대로 계속 간다면 앞으로 미국에서 어떤 상황에서든지 복음을 전파하는 것이 "증오심 표현"으로 간주 될 것이다. 어떤 사람이 복음의 메시지로 인해 "불쾌"하다고 주장하기만 해도 소송을 당할 것이다.

그렇지만, 우리 교회는 이 모든 전투에서 승리하는 것보다 하나님을 영화롭게 하는 일에 더 많은 관심을 가져야 한다. 우리를 대표하여 워싱턴과 다른 곳에서 의회의 최신 정보를 확보하고, "평등"이라는 단어를 오용한 부도덕한 입법에 반대의 목소리를 높이는 단체들에 개인적으로 깊은 감사를 표한다. 그러나 우리가 이 전투에서 패배하는 한이 있더라도, 우리는 그리스도의 우월성을 보여야 한다.

현재의 추세가 지속한다면, 우리는 예수의 이름에 관해 누구에게도 말하지 말라는 경고에도 불구하고 예수를 전했기 때문에 투옥되고 구타당한 사도들과 함께 설 기회가 있을 것이다.

> 이것이 민간에 더 퍼지지 못하게 그들을 위협하여 이후에는 이 이름으로 아무에게도 말하지 말게 하자 하고 그들을 불러 경고하여 도무지 예수의 이름으로 말하지도 말고 가르치지도 말라 하니 베드로와 요한이 대답하여 이르되 하나님 앞에서 너희의 말을 듣는 것이 하나님의 말씀을 듣는 것보다 옳은가 판단하라 우리는 보고 들은 것을 말하지 아니할 수 없다 하니 (행 4:17-20).

"혐오발언법"은 복음을 전파하는 우리를 침묵시키지 못한다. 예를 들어 일부 목회자들은 감옥에서 또는 다른 장소에서 또는 무슬림센터에서 복음을 전파해야 할 수도 있다. 선전은 국가를 바꿀 수 있지만, 그러나 그것이 우리를 바꾸지 못하도록 기도한다.

WHEN A NATION FORGETS GOD

제5장
자녀 교육의 책임은 부모

1. 자녀 교육에 대한 책임

　2008년 1월, 독일의 청소년 복지 사무소와 경찰 관계자들은 우벌링겐(Uberlingen)에 있는 고버(Gorber) 가족의 집을 에워쌌다. 고버 씨는 마침 아홉 번째 자녀의 임신 합병증 때문에 입원한 아내와 함께 지역 병원에 있었다. 아이들의 거듭되는 항의에도 불구하고, 21세의 가장 큰아들과 20세의 딸을 제외한 모든 아이는 당국에 의해 구금되었다. 그들의 범죄는 그들이 자녀들을 지역 공립학교에 보내는 것을 거부하고 홈스쿨링을 하기로 했다는 것이었다.[1]

　함부르크의 크리스천 가족인 안드레와 프라우케(Andre and Frauke R.)도 비슷한 운명을 겪었다. 그들은 주님께 순종하고 공립학교 시스템의 영향으로부터 자녀를 지키기 위해 가정에서 교육하기로 했다. 이에 대해 공무원들은 "이 가정이 강제 교육법에 굴복할 때까지 국가의 모든 권한을 적용하겠다고 엄포를 놓았다."[2] 그들의 시련은 850

유로(약 1,000달러)의 벌금 부과로 시작되었다. 다음에는 5명의 경찰관이 안드레를 체포했다. 다음으로, 경찰관은 아이들을 학교에 강제로 호송하기 위해 나타났다.

마침내 가족은 자녀 양육권을 박탈당하고 정부의 피후견인이 되었다. 가족은 결국 오스트리아로 도망하여 녹일을 탈출한 다른 가성 학교에 합류하여 자녀를 홈스쿨링을 할 수 있게 되었다. 독일에도 홈스쿨링을 하는 가족들이 있지만, 그들은 언제든지 경찰이 문을 두드리고 체포할 수 있다는 것을 알고 있으며, 그들도 위험에 처해 있기는 마찬가지다.[3]

불행하게도, 독일 언론은 홈스쿨러를 "극단적 근본주의자" 또는 "컬트"(광신자 집단)에 속하는 것으로 묘사한다. 일반적으로 홈스쿨링을 받은 아동이 공식 교육 시스템의 아동보다 성적이 우수하다. 강제 공공 교육은 독일뿐만 아니라 유럽 연합의 다른 국가에서도 의무화되고 있다.

이 장의 목적은 홈스쿨링이 관련 부모를 위한 유일한 선택인 것처럼 주장하는 것은 아니다. 미국에는 부모의 뜻이 존중되는 일부의 공립학교가 있다. 물론 대안이 될 수 있는 사립학교도 있다. 그러나 나의 요점은 약간 다른 방향에 있다. 사실 공립학교 교육을 의무화하는 법은 역사적으로 국가가 후원하는 교리가 교육 시스템의 주요 목표였던 전체주의 정부에서 발견되었다. 미국의 홈스쿨링 어린이들은 여전히 합법적이지만, 우리는 그 자유가 계속될 것이라고 가정할 수 없다.

2. 히틀러의 그림자

오늘날 독일에서 홈스쿨링을 불법으로 만든 법률은 1938년 히틀러가 제정한 나치 시대의 법을 상기시켜 준다. 히틀러는 공교육은 의무적이며 아이들은 집에서 교육을 받을 수 없다고 선언했다. 어린이들의 교육은 가정이나 교회가 아닌 국가가 우선권을 가졌다. 그는 어린이들에 대한 교육의 가치를 이해하고 있었다.

> 오늘의 젊은이는 내일의 국민이다. 따라서 우리는 전혀 왜곡되지 않고 손상되지 않은 아주 어린 나이에 이 공동체의 정신을 우리의 젊은이들에게 주입할 임무를 스스로 부여했다. 이 제국은 미래를 위해 젊음 위에 자신을 세우고 있다. 그리고 이 새로운 제국은 그 누구에게도 그 젊은이들을 내주지 않고 제국이 취하여, 제국의 교육과 양육을 젊은이들에게 제공할 것이다.[4]

독일이 히틀러가 꿈꾸는 국가가 되려면 아이들은 독일 제국에 속해야 했다. 히틀러는 부모들에게 냉정하게 말했다.

> 여러분의 자녀는 이미 우리의 것이다 … 당신들은 무엇인가? 당신들은 양해해야 할 것이다. 당신의 자녀들은 이제 새로운 캠프에 있다. 짧은 시간 안에 그들은 이 새로운 공동체 외에는 아무것도 알지 못하게 될 것이다.[5]

히틀러는 또 다른 연설에서 말한다.

> 이 새로운 제국은 젊은이들을 그 누구에게도 양도하지 않을 것이며, 제국이 젊은이들을 받아들여 그들을 교육하고 양육할 것이다.[6]

히틀러는 젊은이들을 지배하는 사람이 미래를 지배한다고 믿었다. 그는 부모들은 그들의 책임의 한계를 이해해야 한다고 주장했다. 그리고 부모가 협력하면 좋겠지만, 협력하지 않으면 법은 히틀러 편이었기 때문에 좋지 않을 것이라고 했다. 실제로, 히틀러는 부모가 양육의 책임이 있지만, 제국은 아이의 영혼을 교육할 것이라고 말했다.

독일에서 사립 또는 종교 재단의 학교들은 과도한 세금 인상과 과도한 규제 때문에 문을 닫고 말았다. 히틀러는 법률을 배가시키고 수많은 법적 요구 사항과 절차 규정에 따른 허가를 받게 함으로써 자신이 싫어하는 기관을 폐쇄할 수 있음을 알았다. 결국, 그는 부모들의 교육 선택권을 없애버렸다.

3. 국가 후원 교리

독일의 어린이들은 유대인이 인간이 아니며 사회에 불필요한 부담이 된다는 나치의 견해를 제시한 영화를 시청했다. 학교에서는 다원의 진화론적 개념을 통해 아리안 민족(독일인)의 미덕을 찬양하고, 약자를 제거함으로써 이러한 적자생존의 진화적인 사상이 빠르게 진행될 수 있다는 것이다. 히틀러가 물었다.

"왜 우리는 자연만큼 잔인할 수 없는가?"

1938년까지 사립학교가 폐지됨에 따라 모든 교육은 나치 사상으로 통일되었다. 교과서는 인종적 적합성, 군비 확장의 근거, 독일 역사와 문화에 대한 강조를 반영하여 개정되었다. 나치 정책에 부합하지 않은 사람들은 징계를 받거나 추방당하거나 처형당했다. 교사들은 일자리를 지키기 위해 히틀러에게 충성 맹세를 해야 했다.

1937년까지 교사의 97%가 '국가사회주의 교사연합'(the National Socialist Teachers' Union)에 가입했다. 각 교사는 제국이 규정한 공식 과정과 교과서를 사용해야 했다. 한 교사의 지침서에는 독일 어린이들이 유대인에 대한 타고난 혐오감을 가지고 있으며 유대인과의 결혼은 자연적 생물학적 질서를 따르지 않기 때문에 부자연스러운 것임을 보여준다. 심지어 예수조차도 나치 정책을 홍보하는 데 사용되었다. 일부 교과서에서 그는 유대인에 의해 배신당하고 살해될 때까지 유대인과 전쟁을 벌인 영웅으로 묘사되었다.

내가 알기로 히틀러의 교육관에 관한 정보의 가장 중요한 출처는 제레미 노아케스와 제프리 프리덤(Jeremy Noakes and Geoffrey Pridham)의 책 『나치즘: 문서와 목격자의 진술 역사』(*Nazism: A History in Documents and Eyewitness Accounts*)에서 찾을 수 있다. 그들은 나치즘이 어떻게 젊은이들의 마음을 사로잡으려 했는지에 대해 상세히 기술한 30쪽의 문서를 제시했다. 히틀러는 더 이상 분명하게 말할 수 없었다.

> 독일 청년이 성장을 위해 더 이상 … 그들이 물질주의나 이상주의, 인종주의 또는 국제주의, 종교성 또는 무신론 등 어떤 사상을 선택할 것인지 고민하도록 해서는 안 된다. 그러나 그것들은 국가사회주의 사상의 원칙에 따라 의식적으로 형성되어야 한다 … .[7]

학교의 목적은 아이들의 독립적인 사고가 아니었으며, 오히려 국가의 요구에 따라 아이들의 태도와 가치관을 변화시키는 것이었으며, 아이는 한 손에 퍼티를 쥐고 있는 것처럼 진정한 독일 시민으로, 물론 국가의 더 큰 목표에 자신을 내맡기는 시민으로 형상화되어야 했다.

히틀러의 교육 철학은 소비에트 혁명가들의 교육 철학을 본떠서 만들어졌다. 그의 목표는 과거에는 말뿐이었던 독일의 이상이 대대로 전달될 수 있는 새로운 길을 만들어내는 젊은 급진파 군대를 건설하는 것이었다. 검열이 시행되었다.

> 가르침 … '독일인에 대한 의식'을 장려하기 위해 … 교재 선택에서 교사는 '독일의 감정과 모순되거나 자기주장을 위해 필요한 에너지를 낭비하는 내용'은 피해야 하고, 새로운 독일의 정신과 밀접한 관계가 있는 '현대 작품만 선택해야 했다.'[8]

나치 국가를 장려한 것이 진리로 정의되었으며, 부활한 독일의 목표는 개인의 사고와 연구보다 우선하는 것이었다. 예를 들어 뮌헨(Munich) 교수는 다음과 같이 경고했다.

지금부터는 어떤 것이 참인지 거짓인지 결정하는 것은 당신에게 달려 있지 않으며, 그것이 국가사회주의 혁명에 관련성 여부에 달려 있다.[9]

나치가 원하는 모든 것이 진리가 되었다.

4. 사실이 아니라 반항적인 태도

히틀러는 어떤 문제가 사실인지 거짓인지 더는 고려하지 말고, 오직 제국의 목표를 달성하는 데 유용하도록 역사, 사회학 등 학교 교육 철학을 변화시키도록 요구했다. 부모를 통해 자녀에게 전수된 가치는 교실에서 가르치는 새로운 가치로 대체되어야 했고, 아이들은 개인보다 그룹의 생각이 중요하다는 것을 주입하고 이해해야 했으며, 교육 정책에 동의하지 않은 모든 학생은 심리적 압박으로 당혹감에 눈에 띄었다. 물론 이것은 모든 절대적이고 심각한 종교적 신념에서 벗어나 국가사회주의 통합 철학을 준수하도록 확실하게 하기 위함이었다.

교육 시스템은 인지적 목표(결과)가 아닌 감성적 목표를 설정하는 데 더욱 집중되었다. 노아케스와 프리덤은 그의 저서에서 이렇게 말한다.

> 보다 더 열성적인 사람은 시험도 쉬워지고 직업과 지위를 더 빨리 얻을 수 있었으며, 새로운 세대는 교육과 독서를 많이 할 필요가 없었다. 그들은 아무것도 요구받지 않았고, 오히려 지식은 공개적으로 비난 받았다.[10]

청소년들은 부모가 좋은 나치가 되도록 격려하라는 지시를 받았다. 독일에서는 "경험"의 숭배를 이용하여 올바른 태도를 가르치는 것에 중점을 두었다.

> 지성을 포함하는 지식과는 달리, 느낌과 관련된 경험은 근본석으로 '이념적 통일'에 기반을 둔 나치즘의 깊은 진리에 접근할 수 있게 해 주었다. 그런 경험은 인격 형성에 필수적인 것으로 여겨졌다.[11]

아이를 먹이는 것은 부모의 책임이었다. 그가 믿고 느끼는 것은 제국의 책임이었다.

오늘날 미국처럼 나치 독일에서도 권위 있는 인물들은 우리가 소위 "가치의 명료화"라고 부르는 경험을 통해 불신당했다. 대부분 교사는 자녀들이 부모와 교회에서 독립하려는 자연스러운 욕구를 이용했다.

> 청소년은 성인 세계로부터 독립하고 싶다는 욕구에 호소했으며, 세대의 갈등과 젊은이들이 부모나 교사 등 권위 있는 인물에 도전하는 전형적인 경향을 이용했다.[12]

자녀들이 학교에서 배운 것을 부정하는 부모들은 처벌을 받았다. 물론 학생들의 가치는 확립되기 전에 혼란스러워 했다. 수학 수업에서도 제국의 이념이 촉진되었다. 어린이들은 다음과 같은 질문을 받았다.

"정신병원 건설 비용이 6백만 마르크인 경우, 15,000마르크의 주택을 얼마나 지을 수 있을까?"[13]

물론 목표는 학생들이 자연스러운 성향을 버리고 미치광이들의 요구(제국에 동의하지 않는 사람은 누구나 읽어야 한다)에 공감하도록 하는 것이며, 실용적이고 경제적인 눈으로 그런 문제들을 보도록 하는 것이다.

히틀러는 젊은이들이 자신의 동료가 무엇을 믿고 어떻게 입고 말하는지 매우 의식하고 있다는 것을 눈치챘다.

> "청소년은 젊음에 의해 주도되어야 한다"라는 표어는 의도적으로 울려 퍼졌고 어느 정도 실천에 옮겨졌다. 하지만 그에 적용되는 정신은 매우 달랐다. 이 젊은 지도자들은 자치적인 청소년 문화를 대표하지 않았지만, 규칙과 규정에 따라 연합되고 정해진 훈련 패턴을 따르는 공식 관료주의의 공무원이었다.[14]

젊은이들이 교화되고 있는 와중에도, 그들은 부모와 교회에 대한 반란을 조장하도록 하고, 국가사회주의의 더 큰 대의를 발전시킨다면 자신의 클럽과 동료 집단을 결성할 수 있는 자유가 주어졌다. 그룹 동료들의 압력은 마음을 바꾸지 않고 가정과 교회의 가치를 여전히 믿는 학생들이 침묵하도록 만드는 데 이용되었다.

교사들은 낙관적인 승리, 자신감, 독일 성공의 확실성 분위기를 조성해야 했다. "다른 모든 가치는 이 지침에 포함되었다. 예술, 공예, 다문화 경험을 통해 아이들은 교화되었다."[15] 물론 요점은 학생들이 규정을 준수하도록 하는 것이었다. 노아케스와 프리덤은 "사람들은 그들 자신의 의지를 버리고 완전히 종속되는 것이 바람직하다"라고 했다.[16]

우리는 모두 편견 없는 완전한 역사는 없다는 것을 알고 있다. 포함되어야 할 사항과 제외해야 할 사항을 결정하는 교과 과정을 선택한다고 하더라도 인간의 편견은 교육 과정에 유입된다.

나치 독일이 독특한 것은 그들의 정책을 장려하고자 일부러 사실을 왜곡시키는 방식이다. 그 거짓말들은 유대인에 관한 거짓말, 독일의 역사에 관한 거짓말, 히틀러의 의도에 관한 것들이다. 히틀러는 우리 모두와 마찬가지로 감정이 이성보다 더 강력할 수 있다는 것을 알고 있었다. 그리고 감정이 바뀌지 않으면, 마음은 이전의 생각 패턴으로 되돌아간다. 수 세기 전 에덴동산에서 사탄은 하와에게 이렇게 말했다. "느껴라! 생각하지 말고!"

생각은 감정을 바꿀 수 있다. 그러나 감정 또한 생각을 바꿀 수 있다. 물론 요점은 사실을 보려고 하지 말고 자신의 느낌을 믿어야 한다는 것이다. 독일의 역사적, 사회학적 상황에 대한 과정들의 관련성에 많은 강조가 있었다.

제5장 자녀 교육의 책임은 부모 125

> 우리 젊은이들에게 역사적 사건을 무차별적으로 하나로 묶는 연대기로 역사의 과정을 제공해서는 안 되며, 연극에서처럼 삶에 큰 영향을 미치는 중요한 사건들만 묘사되어야 한다.[17]

따라서 교과 과정을 신중하게 선택하고 정치적으로 올바른 사상을 촉진하지 않는 것은 모두 제거함으로써 거짓 세계가 만들어졌다.

이 철학은 모든 분야에 적용되었다. 교과 과정의 유일한 기준은 학생들이 제국의 세계관을 이해하는 것이다.

> 인종학, 우생학 및 국방 연구 같은 분야의 새로운 과정이 도입되었으며, 역사 이전에 대한 새로운 강조가 있었다. … 법과 정치, 과학 과정은 정권이 도입한 변화에 따라 조정되었다.[18]

교육은 생활과 관련된 경험 중심적이었으며, 집단적 압력으로 채택되었다. 교사나 학생은 순응하거나 아니면 그 결과를 감수해야 했다.

5. 미국식 가치의 명료화

불행하게도, 우리 학교 대부분은 아이들이 부모, 교회 및 성적 정체성에 대한 신뢰를 제거하고 세속주의와 부도덕의 식이요법을 강요하는 교화실이다. 수년전 덴버에 있는 2천 명의 교사를 대상으로 연설한 하버드대학교의 체스터 피어스(Chester Pierce) 박사는 교사의 책임에 대해 혹독하게 평가했다. 물론 그의 극단적 발언을 모든 교사가 공유하지 않고, 사실 일부 공립학교는 세뇌되지 않고 여전히 올바른 교육에 전념하고 있지만, 우리 학교에서 나타나는 무시할 수 없는 추세다.

> 5세 때 학교에 입학하는 미국의 모든 아이는 정신적으로 병들어 있다. 왜냐하면, 그들은 선출된 공무원, 학교 창립자에 대한 충성심과 정부의 보전을 위해 학교에 오기 때문이다. 애국심이나 민족주의 그리고 주권 이런 모든 것은 아이들이 아프다는 증거다. 왜냐하면, 진정으로 올바른 사람은 그런 모든 것을 거부한 사람이고 미래의 진정한 국제적인 어린이라고 부르는 사람이기 때문이다.[19]

오늘날 아이들의 변화는 어떻게 이뤄지고 있는가?

시드니 사이먼(Sidney Simon) 박사는 아동의 신념, 신조 및 도덕적인 가치를 변화시키기 위해 "가치 명료화"를 개발했다. 그것은 절대적인 것은 없고, 근본적으로 옳고 그름이 없다는 개념에 근거한 것이다. 그런 변화는 다음 단계를 받아들임으로써 아이의 삶으로 들어오게 된다.

(1) 개인적 가치는 부모나 교회가 지시하는 것이 아니라 학생 자신에게 맡겨야 한다.
(2) 절대적인 것이 없다는 것을 아이들에게 가르치기 위해 열린 답을 구하는 질문을 사용해야 한다. 이런 질문의 예는 다음과 같다.

① 가정의 규모를 두 아이로 제한하는 법을 원하는가?
② 부모가 자녀에게 자위행위를 가르쳐야 한다고 생각하는가?
③ 성교육에 성교와 피임 기술이 포함되어야 한다고 생각하는가?
④ 다른 부모를 원하는가?
⑤ 얼마나 자주 성관계를 하나?[20]

6. 어린이의 가치관 조작

이제 아이가 이전의 가치를 박탈당했기 때문에 세 단계가 추가로 뒤따른다.

(1) 교사는 아동에게 자신이 어떤 가치를 받아들일지 스스로 결정해야 한다고 말하고(이 시점에서 아동은 심리적 조작의 대상이 된다.)
(2) 유아는 새로운 가치 체계로의 자신의 '변화'를 공개적으로 발표해야 한다고 한다. 그는 동료들 앞에 서서 자신의 새로운 가치관이 무엇인지 말해야 한다.
(3) 아이는 규칙적으로 이런 가치에 따라 행동한다. 결국, 아이는 부모나 교회, 누구도 무엇이 옳은지 그른지에 대해 말할 권리가 없다고 확고히 믿는다. 모든 가치는 개인의 선호이기 때문에 그것들은 논쟁의 대상이 아니며 다른 어떤 권위에 따라 판단될 수 없다.

아이의 가치는 누구 못지않게 훌륭하므로 누구도 그에게 다른 의견을 말할 수 없다.[21]

그래도 여전히 학생들의 마음속에 갈등이 있다면, 그들이 얼마나 모순적으로 보이든 관계없이, 두 가지 관점을 가질 수 있다는 생각을 강요당한다. 이를 통해 아이는 이제 진화, 사회주의, 동성애, 낙태, 안락사 등이 정상이라는 인본주의적 신념의 맹공격에 무방비 상태로 놓이게 된다. 그런 다음 학생들은 집단 토론을 통해 문제에 대한 합의를 이룬다고 한다.

어린이는 그룹이 받아들여야 할 가치가 교과 과정에 따라 미리 결정된다는 것을 모른다. 이것은 공산주의 국가에서 성공적으로 사용된 현장 실습 방법론이다. 지금은 많은 국가가 이런 교실을 운영하고 있다.[22]

7. 어린이들의 성애화

2009년 5월 22일에 "게이에 대한 교과 과정이 초등학교 학부모들을 화나게 한다"라는 기사를 읽었다. 기사는 학교 관리자가 5세 이하의 어린이들에게 가르칠 레즈비언, 게이, 양성애자, 성전환자 커뮤니티에 대한 필수 수업을 포함한 새로운 교과 과정을 받아들이라고 학부모들을 괴롭히고 있다는 것이었다.

샌프란시스코 교외의 앨러미다(Alameda) 지역에 있는 부모들은 그런 수업에서 그들의 자녀를 제외할 수 없다고 말한다. 교육위원회의 변호사는 교과 과정이 채택되면 부모가 자녀를 수업에서 **빼낼** 법적 권리가 없다고 한다. 부모의 수정 헌법 제1조의 권리는 확실히 무시된다. 그리고 대부분 부모가 그 계획에 반대하더라도, 그들의 의견은 아무런 효과가 없다.[23]

왜 그들은 아이들을 성적으로 만들고 싶어 하는 걸까?

미국 여성 기구의 로스앤젤레스 지부의 전 회장인 태미 브루스(Tammy Bruce)는 수천 년의 도덕과 가치의 규범을 훼손하려는 '진보적인' 정치 단체의 시도를 직접 목격한 사람이다. 그녀는 자유주의적 사회 정책을 폭로하면서 우리가 알고 있는 바와 같이 이 단체들은 사회를 재정렬할 의도를 갖고 있다고 말한다. 그들은 세상을 왜곡된 시각으로 바라보도록 사회를 굴절시키려고 한다.

이것은 어린이 교육에 관한 장이므로 주의 깊게 읽을 가치가 있는 그녀의 말 가운데 하나를 인용하고자 한다.

> 오늘날 동성애 운동가들은 관용의 가치로 자신을 포장하여 아이들의 삶을 침범하면서 캠페인을 한 걸음 더 진전시켰다. 그들은 문자 그대로 당신의 할머니처럼 옷을 입고 당신의 문으로 다가오는 늑대와 같다. 동성애자들의 기득권을 관리하는 급진주의자들은 도덕적 부패, 자제력 부족, 도덕적 상대주의의 세계에 있는 아이들을 원한다. 왜? 다음 세대를 소유하는 것보다 대다수에 속하는 것이(당신이 정말로 주변부에 있을 때) 얼마나 더 좋은가? 동성애자들이 특별한 대우와 특별법을 받을 자격이 있다는 거짓 개념으로 어린이를 표적으로 차세대에 대한 세뇌를 시작할 수 있다. 그렇지 않으면 조지 오웰에

서 빌려온 동성애자들이 실제로 다른 사람들보다 더 평등하다는 것을 어떻게 사회가 믿게 할 수 있을까? 물론 그 생각을 받아들이게 할 수 있는 유일한 방법은 사람들의 도덕성과 판단을 하지 못하도록 허무주의로 만드는 것이다.[24]

태미 브루스는 이런 생각이 널리 받아들여지는 이유는 "성적인 아이들"이 미래 세대의 문화를 지배하는 것을 보장하기 때문이라고 생각한다. 그녀는 다음과 같이 말한다.

> 그것은 또한 포르노 산업이 의존하는 성에 중독된 미래 소비자들을 약속한다. 그들의 삶을 파괴함으로써 가족, 신앙, 전통, 품위, 판단에 마지막 타격을 가한다.[25]

그렇다. 급진적인 좌파는 성 중독 문화를 취하는 것이 유리하다! 학부모들은 이런 기법이 자녀에게 적용되고 있다는 사실을 잘 모른다. 그들은 성교육 수업이 종종 "죄의식 없이 그리고 아기 없이 성관계를 갖는 방법"에 지나지 않는다고 인식하고 있다. 예를 들어 노스캐롤라이나의 교사들이 그들의 자녀에게 어떤 가치를 심어줘야 할지 전달받았다 것을 모른다. 일곱 가지 목록은 다음과 같다.

첫째, 옳고 그름은 없고 조건부 반응만 있을 뿐이다.
둘째, 집단적 선은 개인보다 더 중요하다.
셋째, 합의는 원칙보다 중요하다.

넷째, 성취보다 유연성이 더 중요하다.
다섯째, 변화를 제외하고 영구적인 것은 없다.
여섯째, 모든 윤리는 상황에 따라 다르다. 도덕적 절대성은 없다.
일곱째, 가해자는 없고 희생자만 있다.[26]

다시 한번 강조하지만, 모든 공립학교가 이런 정책에 동의하지는 않지만, 부모는 자녀가 학교에서 무엇을 배우고 있는지 알아야 한다. 그렇지 않으면, 우리 아이들은 의도적인 인본주의적인 관점에 따라 정신적으로 징발당하게 된다.

8. 정치적으로 올바른 교과서

지난주 이 장을 쓰기 전, 나는 미국에 있는 100억(약 12조) 달러 규모의 교과서 산업에 전념하는 텔레비전 프로그램을 보았다. 나는 놀라지는 않았지만, 내가 알게 된 것에 깊은 슬픔을 느꼈다. 미국 역사의 일부 교과서는 그 단체들이 "균등한 기회"를 가질 수 있게 해 준 "청교도"에 관해 전혀 언급하지 않고 있다. 자본주의 국가인 미국은 다른 나라와 문화처럼 똑같은 비판적인 평가를 하지 않고 억압적이고 부정적인 시각으로만 제시된다.

한 역사 교과서는 9.11 테러에 대해 언급하고 있지만, 테러범들이 이슬람교도였다는 것을 나타내는 것은 어디에도 없다. 무슬림위원회 위원들 덕분이다. 이슬람은 역사적인 사실로 제시되었지만, 기독교

와 유대교는 이 선을 따라 의심의 언어로 이루어졌다고 말하며,

"모세는 십계명을 받았다고 한다. 그리고 예수는 메시아라고 믿어졌다"는 등이다.

나는 언어 경찰의 존재에 대해 언급하고자 한다. 그렇다, 그들은 일하고 있다. TV 특집은 하나의 교과서에서 '눈사람'(snowman)이라는 단어가 '눈사람'(snow person)으로 대체되었다고 보도했다. 부엌에 있는 여성의 사진도 허용되지 않는다.[27] 이 역시 피해야 할 고정 관념이기 때문이다. 대학에서 당신의 자녀들이 "역사라는 것은 단지 특정한 의제를 홍보하는 데 사용될 무기가 될 수도 있다"라고 기대할 수 있다.

정치적 올바름(PC: Political correct) 운동가 대부분은 역사의 목적은 과거의 잘못을 바로잡는 것으로 생각한다. 그들은 미국의 역사를 인종차별주의자, 성차별주의자, 계급주의자로 간주하여 억압의 역사로 본다. 유럽인들의 범죄를 강조한다. 유럽 사회의 긍정적인 기여(어떤 사람들은 아무것도 없다고 생각한다)는 제쳐두어야 한다.

펜실베니아대학교가 학생들을 위한 필수 "인종 차별 세미나"를 의무적으로 발표하자 한 학생은 다음과 같이 우려를 표명하며 말했다.

> 나는 개인에 대한 깊은 관심과 사회의 모든 구성원의 자유를 보호하려는 열망이 있다.

대학 행정관은 "개인"이라는 단어에 동그라미를 치며 말한다.

이것은 오늘날 붉은 깃발(RED FLAG) 문구이며, 많은 사람이 인종차별주의자(RACIST)로 간주한다. 그룹보다 개인을 옹호하는 주장은 가장 크거나 지배 그룹에 속하는 "개인"에게 궁극적으로 특권을 준다는 것이다.[28]

교육자인 레스 페럿(Les Parrot)은 다음과 같이 설명한다.

정치적 올바름의 땅에는 중간 지점이 없다. 당신은 동성애 옹호자거나 동성애 혐오자다. 당신은 페미니스트의 대의를 위해 싸우고 있거나 아니면 우월주의자(Chauvinist)다.[29]

정치적 올바름의 세계에서는 아무도 살인이라는 이유로 낙태에 반대할 수 없다. 하나는 성 차별주의이거나 다른 하나는 여성의 권리에 대항하는 자다. 동성애, 그것이 성경에서 정죄 되거나 자연법을 위반한다는 이유로 반대할 수 없다. 반대하는 사람들은 동성애 혐오, 도덕적 억압 또는 증오하는 사람들이기 때문이다. 성경을 고수한다고 해서 하나님을 아버지라고 부를 수 없다. 하나님을 남성으로 언급하는 사람들은 성 차별주의자들이다.

"정치적인 올바름" 운동의 가장 중요한 가정은 역사나 도덕에 객관적인 진리가 없다는 것이다. 진리는 변하고 있으며, 순간의 진리는 특정한 사회적·민족적인 맥락에서 생겨난다. 마르크스주의자들과 마찬가지로 정치적인 올바름의 지지자들은 역사를 주로 계급 투쟁과 억압의 기록으로 본다. 기본적인 공리는 가난한 사람들이 가난한 이유는 부자가 있기 때문이다. 부자들은 압제자이고 가난한 사람들은 피해자다. 부유한 나라의 자본주의는 다른 나라의 모든 빈곤의 원인이 된다.

이제 우리는 왜 정치적인 올바름 운동이 억압당한 소수 민족의 소원을 수용하기 위해 역사를 다시 쓸 수 있다고 믿는지 더 잘 이해할 수 있을 것이다. 그들에게 역사는 어떤 의미에서 과거의 원인과 결과를 해석하려는 진지한 시도와 함께 과거에 관한 객관적인 연구로 간주 될 수 없다. 오히려 역사는 억압받는 사람들에게 적절한 목적으로 사용될 무기다. 자유 의제에 가장 잘 맞는 모양으로 만들어질 수 있다.

9. 당신 자녀들의 교육?

다음은 우리 학교 중 일부에서 일어나고 있는 일에 대한 무작위 목록이다.

(1) 일부 학교는 이슬람을 지지하고 기독교를 부정하는 교과서를 사용한다.[30]

(2) 일부 대학에서는 관리자나 교수들이 2001년 9.11 테러 이후 학생들이 캠퍼스에서 친미 연설을 하는 것을 허용하지 않았으며, 학생들에게 미국은 침략자라고 말했다. 이 캠퍼스에서 미국 국기는 분열적이고 명예롭지 않다고도 말했다.[31]

(3) 마르크스주의 이데올로기는 종종 대학 교실을 지배한다. 데이비드 호로비츠(David Horowitz)는 "전 공산주의 블록보다 미국 대학의 교수진에 더 많은 마르크스주의자가 있다"라고 말했다.[32]

(4) 캘리포니아 한 교사는 독립 선언문이 하나님을 언급하고 있다는 이유로 학생들에게 독립 선언문을 보여주지 못했다. 실제로 한 판사는 헌법 자체를 위헌으로 간주했다.[33]

(5) 많은 학교에서 가족은 "출생이나 선택에 따라 함께 살거나 살지 않을 수도 있는, 서로의 필요를 충족시키고 공통의 목표와 이익을 공유하는 두 명 이상의 사람들로 구성된 단위"로 재정의했다.

10. 마지막 호소

이 장을 마치면서 나는 자녀의 교육을 담당하는 부모들에게 부탁하고자 한다. 어떤 사람들에게는 이것이 홈스쿨링을 의미할 것이다. 다른 사람들에게는 사립학교를 의미할 것이다. 쉬운 일은 아니지만, 자녀가 공립학교에 있는 사람들에게는 교사, 교육청 및 관리자와 긴밀히 협력하여 자녀의 삶에서 일어나는 일을 관찰해야 한다. 우리의 자녀는 우리의 가장 소중한 자산이다.

홈스쿨링에 대해 알고 싶다면, 홈스쿨링의 이점을 이해하고 필요한 방향을 제시하는 데 전념하는 여러 기관이 있다. '홈스쿨법률보호협회'(The Home School Legal Defense Association, www.hslda.org)는 자녀를 집에서 가르치고자 하는 사람들에게 필요한 자유를 유지하고 최신 홈스쿨링 뉴스에서 최신 정보를 공유한다.

'출애굽기 명령'(The Exodus Mandate, www.exodusmandate.org)은 홈스쿨링의 방법과 이유를 이해할 수 있도록 도와주기 위해 설립되었다. 또한, 우리 학교에서 일어나고 있는 일에 대해서도 알려 줄 것이다. 이 두 조직은 자녀들을 집에서 가르치려고 한다면 현명하고 계산된 결정을 내리는 데 필요한 정보를 제공할 것이다.

하나님께서는 자녀 훈련에 대한 책임을 부모, 특히 아버지에게 신앙을 다음 세대에게 전하도록 하는 책임을 주셨다.

> 오늘 내가 네게 명하는 이 말씀을 너는 마음에 새기고 네 자녀에게 부지런히 가르치며 집에 앉았을 때에든지 길을 갈 때에든지 누워 있을 때에든지 일어날 때에든지 이 말씀을 강론할 것이며(신 6:6-7).

하나님께서는 당신에게 자녀의 몸을 보살피는 것뿐만 아니라 영혼도 맡기셨다. 우리는 공공 교육자들이 우리의 가장 취약하고 소중한 자녀들의 마음을 차지하게 내버려 둘 수 없다. 부모가 용기 있게 행동해야 한다면 바로 지금이다.

제6장
평범한 영웅들이 끼친 영향

"하나님께서 사람을 부르실 때, 그에게 와서 고난을 받으라고 명령하셨으며," 독일교회가 나치화되고 있던 어두운 시절에 본회퍼 목사를 사용하셨다. 그는 그가 설교한 것을 실천했으며, 39세의 나이에 히틀러가 자살하기 3주 전에 교수대에서 순교했다.

그는 다음과 같이 말했다.

값싼 은혜는 우리 교회의 치명적인 적이다. 우리는 오늘 값비싼 은혜를 위해 싸우고 있다. 값싼 은혜란 저렴한 물건처럼 시장에서 팔리는 은혜다. 성찬, 죄의 용서, 종교의 위안은 싼값에 버려진다. … 그런 교회에서는 싼값으로 죄를 덮는 세상을 발견한다. 회개할 필요도 없고, 하물며 죄에서 구원받으려는 진정한 소망도 없다. … 값싼 은혜는 의롭다 인정받지 못한 죄인의 죄를 정당화하는 것을 의미한다. … 저렴한 은혜는 제자도(제자로서의 삶)가 없는 은혜, 십자가 없는 은혜, 예수 그리스도가 없는 그리고 성육신 없는 은혜다.[1]

본회퍼 목사는 이런 그의 말과 삶의 실천으로 국가의 간섭에서 독립한 역동적인 기독교의 강력한 대변인이 되었다. 교회를 본래의 임무로 되돌려 놓은 이 사람은 결국 히틀러 암살모의에 가담한 죄로 순교자가 되었다. 그는 엄청난 개인적인 비용을 지불하고 깃발을 들었지만, 경의를 표하는 사람은 거의 없었다. 그러나 경의를 표한 사람들은 그가 그랬던 것처럼 명예를 누릴 자격이 있다.

본회퍼 목사는 평범한 영웅일 뿐만 아니라 기독교 지도자로서의 위상과 기독교 지식인으로서도 뛰어난 영웅이었다. 그러나 잘 알려지지 않은 수천 명의 사람이 그분의 모범에서 영감을 받아 그들이 섬기는 그리스도의 공로(a credit)가 되었다. 그의 용기 있는 증언 덕분에 수백 명의 목회자가 신앙을 위해 기꺼이 고난을 받고 강제 수용소로 갔다. 모든 목회자가 본회퍼 목사나 니묄러 목사였다면, 히틀러는 그의 정책을 달성할 수 없었을 것이다. 목사들과 그 회중들은 나치 아리아 종족의 우월성에 대한 교리와 그 무시무시한 함축적인 의미에 대해 "아니오"라고 간단히 대답했을 것이다.

오늘날 미국에서는 우리 땅을 덮치는 어둠에 맞서 싸울 평범한 영웅들의 군대가 필요하다. 우리는 용기 있고, 일관되게, 겸손과 우아함으로 진리를 옹호할 사람들이 필요하다. 우리는 미국의 다양한 직업에서 그리스도를 대표할 수백만 명의 믿는 사람들이 필요하다. 우리는 자신이 무엇을 믿는지, 왜 믿는지, 다양한 상황에서 신념을 실천하는 방법을 아는 사람들을 참여시켜야 한다. 우리는 기쁨으로 제자도와 순종의 대가를 기꺼이 치를 용의가 있는 사람들이 필요하다. 어려운 주문이지만 가능하다.

1. 값진 은혜에 의한 영감

물론 나는 언젠가는 그것이 우리의 몫일 수도 있겠지만 미국에 있는 우리가 나치 독일의 그리스도인들이 치렀던 것과 같은 방식으로 고난을 받아야 한다고 주장하는 것이 아니다. 현재 미국은 대중문화와 자유를 제한하는 법을 만들려는 것처럼 보이며 우리의 법률 체계에서 기독교 신앙에 대한 적대감이 점점 더 커지고 있다. 우리는 개인적으로 큰 대가를 치르더라도 우리의 원칙을 타협하지 않겠다는 결심으로 개별적으로 명확하게 선을 그어야 한다.

미국에 사는 사람들은 그리스도를 위한 고난을 근본적으로 인정할 수 없다고 생각한다. 그것은 비미국적이며 내가 "나에게 최선의 것"을 해야 한다는 개념과 모순된다. 우리가 이런 명예의 배지를 혐오한 결과, 우리 대학의 기독 학생들은 "정치적으로 올바른" 의제에 반대한 결과가 두려워 종종 학문적 물살을 피하려고 한다. 그리고 그리스도를 향한 그들의 믿음에 대해 침묵하다 졸업할 수 있다.

'기독학생회'(Inter-Varsity Christian Fellowship) 캠퍼스의 한 성직자는 「크리스천 투데이」(*Christian Today*) 기자에게 "그리스도인들은 지옥을 믿지 않거나 낙태에 관해 이야기하지 않는 한 선택 받지 못한다"라고 말했다. 그는 대학의 그리스도인에 대한 개인적인 공격이 거의 없는 이유는, 자신의 견해를 옹호함으로써 자신의 지위를 위태롭게 할 학생이 거의 없기 때문이라고 말했다. 몇 년 전에 스탠포드대학원에 등록한 그리스도인 나탄 찬(Nathan Chan)은 이렇게 말했다.

만약 당신이 (다문화주의)를 극단적으로 받아들이면, 그것은 매우 개인적이며, 당신은 자신의 편견을 가지고 있고, 다른 사람의 틀에 영향을 미치지 않는 한 당신은 그 틀 안에서 원하는 것을 생각할 수 있다. 기독교가 유일한 진리라고 말할 때, 당신은 누군가의 틀에 주제넘게 나서는 것이다.²

그러나 그리스도인들이 망신당할 것을 두려워하여 우리 대학에서 침묵한다면, 믿는 자들이 직장에서 종교를 배제하는 새로운 법 때문에 겁을 먹고, 만약 그리스도인 간호사가 낙태에 대해 말하는 것이 그들의 직업을 위태롭게 하므로 낙태에 대해 침묵한다면, 간단히 말해서, 만약 우리가 보복에 대한 두려움 때문에 그리스도를 우리 자신에게만 숨겨둔다면, 우리는 히틀러와 연대를 선택한 독일의 목사들과 같은 태도를 보이는 것이 아닐까?

그리스도에 대한 우리 순종의 결과가 그들이 처한 것에 비해 매우 미미하므로 우리의 죄는 더 크지 않을까?

우리가 그리스도인이기 때문에 직장을 잃거나 진로를 실패한 적이 없다면 우리는 나치 독일교회를 비판할 자격이 있을까?

나는 평신도 신앙의 부흥이 없다면 미국의 영적 풍조는 절대로 변하지 않을 것이라고 믿는다. 즉, 우리는 그리스도를 위해 이웃들 사이에서 그리고 영향력 있는 위치에서 사명감으로 살아가는 평범한 사람들이 필요하다. 우리는 그리스도를 위해 헌신하고 그분을 위해 사는 평범한 사람으로서 사람이나 운동을 바라보고만 있을 수 없다.

때로는 복음은 말 이상의 것으로 전달되어야 한다. 19세기 교회에서 파문당한 루터교 목사 마이클 바움가르텐(Michael Baumgarten)은 다음과 같이 말했다.

> 강의와 출판물이 필요한 진실을 전달하는데 더 이상 충분하지 않은 때가 있다. 그럴 때 성도들의 행동과 고난은 진리의 비밀을 다시 드러내기 위해 새로운 '고난'이라는 언어를 만들어야 한다.[3]

고난은 복음을 새로운 언어로 전달한다. 그것은 우리의 입술에서 흘러나오는 말들이 진짜임을 증명한다. 밀에서 껍질이 분리되면 알맹이가 발아하여 자란다. 우리가 얼마나 큰 소리로 외칠 수 있느냐가 아니라, 얼마나 고난받을 수 있느냐가 이 세상에 우리의 메시지가 진실하다는 것을 확신시켜 줄 것이다.

본회퍼 목사는 고난은 장애물이 아니라 우리의 소명이라고 정확하게 말했다. 바울은 우리에게 그리스도가 보여주신 본에 따라 그리스도의 고난에 참여해야 한다고 했다. 우리의 고난 가운데 우리는 그리스도를 닮아가야 한다. 다시 말해, 그는 우리를 고난을 받으라고 부르신다.

우리 문화가 이교도에 빠지면, 우리는 그리스도인으로서 우리가 가는 길에 나타날 고난을 두려워할 것이다. 직원들은 직장이 "종교 자유"라고 선언하는 새로운 법을 통해 그리스도를 목격하지 못할 수도 있다고 우려한다. 부모들은 동성애 생활 방식, 성적 자유 및 급진적 개인주의를 장려하고 촉진하는 학교 시스템에서 점점 더 고립되어 가고 있다. 동성애 커플의 결혼을 거부하면 교회가 면세 지위를 잃을 것에 두려워할 날이 올 수 있다.

우리 문화에서 그리스도를 위한 그러한 고난은 사실 우리에게는 거의 알려지지 않았다. 그러나 다른 나라들도 예외는 아니다. 사실 적대적인 문화와 정치적인 정권 때문에 그들의 신앙을 위해 죽어가는 사람들은 그 어느 때보다 많다. 아마도 우리의 시간이 올 것이다.

2. 변화를 일으킨 사람들

과거와 현재 모두 기독교 영웅들의 기록은 매우 인상적이다. 나는 복음의 진리에 서서 나에게 영감을 준 몇 사람들을 선택했는데, 그 이유로 그들은 자신보다 그들의 하나님에 대한 확고한 헌신을 했기 때문이다. 우리는 그들이 그들의 명성 때문에 "비범"하다고 생각할 수도 있지만, 그들은 평범한 사람들이며, 그들의 용기가 그들을 영향력 있는 자리로 밀어 넣었다.

1) 자카리아 보트로스

나의 최근 영웅은 자카리아 보트로스(Zakaria Botros)라는 콥트교 성직자로, 그는 매주 TV 프로그램과 인터넷을 통해 중동의 5천만 명의 이슬람교도들에게 복음을 전파하고 있다. 무엇보다도 수만 명의 이슬람교도가 그의 사역을 통해 그리스도에 대한 믿음을 갖게 되었다.

나는 「월드」(*World*) 지가 2008년에 그를 "올해의 다니엘"로 지명했을 때 그의 사역에 대해 알게 되었다. 최근 지하디스트 단체들이 그의 머리에 6천만 달러의 현상금을 걸었다고 보도된 이후 우리는 철통같은 보안 속에 무디교회에서 설교하도록 했다. 그는 이슬람의 공공의 적 1순위로 평가받고 있다.

보트로스가 이슬람의 속임수를 폭로한 후에, 나는 그에게 이렇게 물었다.

"이슬람의 잘못을 지적하고 복음의 주장을 나눌 때 얼마나 큰 대가를 치렀는가?"

나는 그의 간결하고 분명한 답변에 놀랐다.

"내가 지불해야 할 대가는 예수 그리스도께서 우리를 위해 피 흘린 것에 비하면 매우 저렴하다." 그런 다음 그는 이집트에서 복음을 증거한 대가로 어떻게 그의 형의 혀가 잘려지고 머리에 말뚝이 박혀 살해당했는지 설명했다. 그러나 그것이 복음을 전하기 위해 지불해야 할 대가라면 괜찮다라고 했다.

이 사람은 끊임없이 살해 위협을 받는 가운데 이슬람의 최고 공적이라는 이름을 가지고 살아가면서 어디에서 용기를 얻는가?

"예수는 나의 삶이 다하는 날까지 보살펴주신다."

이렇게 말했다.

문제는 다음과 같다.

우리는 그리스도인으로서 진리를 믿는가? 아니면 그렇지않는가?

진리를 믿는다면 문화에 겁먹지 말아야 한다.

무슬림들은 보트로스 박사의 담대한 증언으로 인해 기독교로 개종

한 많은 무슬림이 기꺼이 모습을 드러낼 것이라고 말한다.

대담하면서도 자신의 증언을 사랑하는 사람을 찾는 것이 얼마나 유쾌한가?

이슬람조차도 그를 침묵시킬 수 없다! 하나님께서 우리에게 수백만의 "평범한 영웅들"을 주시기를 소망한다!

2) 코리 텐 붐

네덜란드가 나치에게 항복했을 때 코리는 네덜란드에서 가족과 함께 살고 있었다. 그녀는 48세로 미혼이었고, 1837년에 할아버지가 시작한 가게에서 시계공으로 일했다. 코리 텐 붐(Corrie ten Boom)은 네덜란드에 있는 유대인들을 돕기 위해 그녀에게 영감을 주는 아버지의 모범을 신뢰했다. 그녀는 자신의 집을 방문한 목사에게 유대인 어머니와 갓 태어난 유아를 보호하기 위해 도움을 청한 일에 대해 말한다. 그 목사는 단호하게 말했다.

"코리! 절대로 안 돼요, 그 유대인 아이를 위해 우리 목숨을 잃을 수도 있어요!"

코리가 계속해서 말하였다.

> 우리 모두 처음 본 아이의 아버지가 문간에 나타났다. '그 아이를 내게 주세요, 코리,' 그 남자가 말했다. 아이의 아버지는 아이를 꼭 껴안고, 하얀 수염으로 뺨을 스치며, 아이의 눈처럼 푸르고 순진한 눈으로 작은 얼굴을 들여다보았다 …. '당신은 이 아이를 위해 목숨을

잃을 수도 있다고 하셨잖아요, 나는 그것이 우리 가족에게 올 수 있는 가장 큰 영광이라고 생각할 것입니다.'[4]

결국, 그녀와 그녀의 가족은 1944년에 체포되었다. 그녀의 아버지는 며칠 후에 사망했지만 코리와 언니 벳시는 처음에는 네덜란드 다음에는 독일에서 일련의 교도소와 수용소에 갇혔다. 그들은 끔찍한 환경에서 복음을 나누고 다른 수감자들을 위로했다. 그녀의 언니는 강제 수용소에서 죽었지만, 그녀는 수용소의 사무 착오로 풀려났.

그녀와 그녀의 언니를 잔인하게 학대하고 모욕한 납치범들을 어떻게 용서했는지에 대한 그녀의 이야기는 수백만 명의 마음을 사로잡았다. 그녀의 책 『은신처』(*The Hiding Place*)에서의 한 줄은 결코 잊을 수가 없다. "하나님의 사랑보다 더 깊은 구덩이는 없다."

코리는 1983년에 진정한 영웅으로 죽었는데, 그것은 우리에게 생명보다 더 중요한 일들이 있다는 것을 상기시켜주었다. 그리고 우리는 용서받은 것처럼 다른 사람들을 용서해야 한다.

3) 찰스 W. 콜슨

35년 전에 일이다. 찰스 W. 콜슨(Charles W. Colson)은 교도소 수감자들과 소통하거나 미국 형벌 제도를 개혁할 생각이 없었다. 사실 리차드 닉슨 대통령의 보좌관인 그는 1970년대 중반의 언론에 따르면 "인도주의적 사고가 불가능한 사람이었다"라고 한다. 콜슨은 닉슨 대통령을 위해 일하는 4년 동안 가장 강력한 정치가들조차도 두려워

했던 백악관 "살인청부업자"로 알려져 있었다.

「보스턴 글로브」(the Boston Globe)는 1973년 콜슨이 기독교로 개종했다는 소식이 언론에 보도되었을 때 "콜슨 씨가 자신의 죄를 회개할 수 있다면 모두에게 소망이 될 것"이라고 했다. 그는 자신이 정치적인 "더러운 속임수"에 대한 유죄를 인정하고 대통령과 당의 대의를 위해 모든 것을 기꺼이 할 것이라고 했다.

감옥에서 7개월을 복역하고 출소한 그는 감옥에서 만난 사람들을 돕기 위해 무엇인가를 해야겠다는 희망을 품고 나왔다. 그래서 교도소선교회가 시작되고, 오늘날 전 세계 113개국 수천 명의 기독교 자원 봉사자와 교회가 감옥을 방문하고, 수감자들을 지도하고, 그들의 가족을 돕고, 그들과 그리스도의 복음을 공유하고 있다.

당연히 콜슨은 미국시민자유연맹 그리고 복음 메시지 공유에 반대하는 다른 단체에게서 공격을 받았다. 그런 반대에도 불구하고 교도소 친교는 계속해서 복음을 나누고 그 결과를 감수하면서 살고 있다.

콜슨은 복음이 악명 높은 죄인들을 구할 수 있다는 것과 다른 사람들과 복음을 공유하기 위해 그들을 사용할 수 있다는 것을 증명했다. 희망이 없는 사람은 아무도 없다. 아직까지 멸망한 사람은 아무도 없다. 하나님의 은혜가 그들에게 닿을 수 있다.

4) 도니타 트래비스

도니타 트래비스(Donnita Travis)는 이 책을 읽는 모든 사람에게 친숙한 이름은 아닐지 모르지만, 그녀는 진정한 영웅, 다른 사람들이 오랫동안 바꿀 수 없다고 결론지은 세상에서 변화를 일으키고 있는 여성이다. 그녀의 비전과 지도력 덕분에 시카고의 도심 지역에서 어린이들과 가족들의 삶이 바뀌어 가고 있다. 복음의 희망은 가정에서 아버지 없이 자라는 아이들의 85%가 살면서 가장 마약에 찌들어 범죄로 가득 찬 동네를 관통하고 있다. 한 여성의 비전, 끈기 및 신앙 덕분에 이 지역에 복음이 뿌리를 내리고 있다.

9년 전 무디교회 일원인 도니타는 하나님께 질문하기 위해 개인적인 칩거에 들어갔다.

하나님, 제가 남은 인생에서 무엇을 하기를 원하십니까?

하나님께서는 그녀의 마음에 어린이들을 주셨다. 그녀는 아동 사역을 하는 교회를 돕기 위해 등록하고 곧바로 근본적인 과제로 방과 후 프로그램인 "어린이를 위한 핸드 클럽"으로 알려진 사역을 시작했다. 어린이들에게 읽는 법, 기술을 연마하는 법, 그리스도를 따르는 사람들이 되는 법을 가르치는 것이다.

사실 어린이를 위한 핸드 클럽은 방과 후 프로그램이 아니다. 교사들은 어린이들의 심신과 영혼에 전체적으로 필요한 일에 전념하는 전임 직원들이다. 한계 상황에 처한 어린이들만 이 프로그램에 참여할 수 있으며 그 결과는 시카고 시장과 시 교육청이 관심을 끌만큼 매우 놀라운 것이었다. 매년 500만 달러(약 60억 원)의 예산을 마련해야 하는 도니타는 신앙과 리더십을 통해 어두운 곳에서 빛을 비추는 것이 어둠을 저주하는 것보다 훨씬 효과적이라는 것을 보여주었다.

평범한 영웅들은 하나님을 위해 특별한 일을 할 수 있다.

5) 무명의 영웅들

물론 이름이 알려지지 않았지만, 용기와 비범함으로 주님을 섬기는 수만 명의 영웅이 있다. 미국에는 승리보다 정의에 더 관심이 있는 정직한 변호사가 있다. 미국시민자유연맹의 위협에도 불구하고 학교에서 증언하는 십 대들, 기만적인 동료와 협력하기를 거부하는 의사들이 있다. 그리고 하나님께 감사드리며 자신의 가치를 타협하는 대신 선거에서 패하는 정치인들이 있다. 그런 헌신적인 예수 그리스도의 추종자들을 통해 값싼 세속주의, 에로티시즘 그리고 그리스도인의 입을 막는 "불관용"의 지독한 흐름을 막을 수 있기를 바란다.

3. 성품의 자질

무엇이 강한 그리스도인을 만드는가?

대학생으로서 그들의 지위를 위태롭게 할 수 있다는 것을 알면서 자신의 신념을 기꺼이 알리려는 사람들의 특성은 무엇인가?

동료들이 싫어하는 것을 알면서도 기업에서 청렴하게 일하는 사람들을 움직이게 하는 것은 무엇인가?

그리고 더 중요한 것은 소송의 위협에도 불구하고 교회 지도자들이 계속해서 "하나님의 전권"을 설교하게 하는 것은 무엇인가?

반대와 박해를 기꺼이 견디는 사람들의 특성을 연구한 사람은 "용기 있는 신자들"을 다음과 같이 생각한다.

(1) 기도와 금식의 힘을 안다.

(2) 성경과 찬송가의 많은 부분을 암송할 수 있다.

(3) 그리스도를 위해 고난받는 것을 영광으로 여긴다.

(4) 고난받는 것이 정상이라는 것을 알고, 그것은 하나님이 교회에 주는 선물 중 하나라고 여긴다.[5]

우리의 메시지가 옳다는 것을 증명하기 위해 이런 성품의 자질이 필요하다는 것은 의심의 여지가 없다. 그래서 우리는 물어야 한다.

이런 그리스도인들을 우리의 교회, 성경 대학, 신학교에서 양산하고 있는가?

그리고 우리는 적대적인 환경에서 그리스도를 어떻게 표현해야 하는지 가르치고 있는가?

결국, 우리의 말을 뒷받침해야 하는 것은 우리의 삶이다.

셸던 바나우켄(Sheldon Vanauken)은 그의 저서 『잔인한 자비』(*A Severe Mercy*)에서 그리스도인과의 첫 만남을 설명한다. 그날 밤의 일기를 읽어보자.

> 기독교에 대한 최고의 주장은 그리스도인이다. 그들의 기쁨, 확실성, 완전성. 그러나 기독교에 대한 가장 강력한 주장 역시 그리스도인이다. 그들이 우울하고 기쁨이 없을 때, 그들이 독선적인 자기만족의 헌신으로 잘난 척할 때, 편협하고 억압적일 때, 그때 기독교는 수천 명의 죽음을 겪는다. … 참으로 긍정적인 기쁨이 기독교에 있으며 다른 곳에서는 없을 것이라는 인상적인 징후가 있다. 그것이 확실하다

면, 그것은 매우 높은 질서의 증거일 것이다.⁶

우리가 기쁨 없이 그리스도의 증거를 공유하는 것은 부정적으로 영향을 미친다. 우리는 앞으로 다가올 시련에 예기치 못한 방식으로 대응해야 한다는 것을 기억해야 한다. 사존심이나 비판이 아니라 또는 가혹한 말이나 불평이 아니라 그리스도의 대표자들로서 본회퍼 목사의 말을 다시 한번 인용하자.

> 그리스도인은 착취하는 세계에서는 자선을 베풀고, 억압하는 곳에서는 몸을 낮춰 억압받은 자를 일으켜야 한다. 그리스도인은 세상이 공의를 거부하면 자비를 추구할 것이며, 세상이 거짓을 은신처로 삼을 때 어리석은 자들을 향해 입을 열고 진실을 증거할 것이다. 유대인이나 그리스인이나, 묶인 자나 자유로운 자나, 강한 자나 약한 자나, 고귀하거나 비천하거나, 형제를 위해 세상과의 교제를 끊을 것이다.⁷

교회는 고난과 반대의 도가니에서 태어났다. 바울은 자신의 경험에 대해 이렇게 썼다.

> 바로 이 시각까지 우리가 주리고 목마르며 헐벗고 매맞으며 정처가 없고, 또 수고하여 친히 손으로 일을 하며 모욕을 당한즉 축복하고 박해를 받은즉 참고, 비방을 받은즉 권면하니 우리가 지금까지 세상의 더러운 것과 만물의 찌꺼기 같이 되었도다(고전 4:11-13).

이제 우리는 정부와 법원이 우리에게 유리한 나라가 아니라는 것을 당연하게 여겨야 한다. 그러나 우리는 이것을 우리의 소명으로 받아들이고 우리는 단지 사랑과 은혜로 진리의 편에 설 것을 선택해야 한다.

4. 지는 것이 이기는 것

우리가 부르심에 충실하기 위해 전투에서 반드시 이길 필요는 없다. 과거 역사에서 많은 사람이 이 땅에서 승리하지 못했지만 다가오는 천국에서 승자가 되었음은 의심의 여지가 없다. 지는 것이 이기는 것이라는 것을 알고 있었던 순교자들을 생각해 보자. 예수께서 말씀하신 것처럼 "목숨을 잃으면 생명을 얻고, 목숨을 구걸하면 생명을 잃는다"(마 10:39).

법정을 이용하여 공공장소에서 하나님에 대한 언급을 깨끗이 지우려는 적대적인 문화와 사상 전투에서 우리가 비록 열심일지라도 승리하지 못할 수도 있다. 그러나 우리는 하나님께서 다스리시고 결국에는 그분의 능력과 의를 나타내실 것을 믿고 낙심하지 않아야 한다. 피터 마샬(Peter Marshall)은 다음과 같이 주장했다.

> 실패할 명분으로 성공하는 것보다 궁극적으로 성공할 명분으로 실패하는 것이 낫다.

하나님을 위해서 지는 것이 자신을 위해 이기는 것보다 더 낫다. 우리는 살아계신 그리스도를 부정하며 사는 것보다 복음을 공유하며 죽는 것이 더 낫다. 용기를 잃지 말자.

하나님께서 우리에게 주신 말씀은 분명하다.

> 모든 일을 원망과 시비가 없이 하라, 이는 너희가 흠이 없고 순전하여 어그러지고 거스르는 세대 가운데서 하나님의 흠 없는 자녀로 세상에서 그들 가운데 빛들로 나타내며, 생명의 말씀을 밝혀 나의 달음질이 헛되지 아니하고 수고도 헛되지 아니함으로 그리스도의 날에 내가 자랑할 것이 있게 하려 함이라(빌 2:14-16).

하나님이 우리에게 어두운 세상에서 등불처럼 빛나는 사람들을 주시기를 위해 기도하자. 그들은 평범한 영웅들이지만 하나님께는 특별하다! 그리고 그들은 변화를 만들어 낼 것이다!

제7장
십자가를 높이 들라

1. 어둠이 몰려오는데
(회개하라! 회개하라! 회개하라! 죄를 회개하라!)

그렇다. 당신이 짐작했던 것처럼 본회퍼 목사는 말했다. 그는 교회의 증언과 힘이 가장 절실하게 필요한 시기에 교회의 책임을 일깨우려고 노력하고 있었다. 그는 다음과 같이 말했다.

> "만일 교회가 그리스도 위에 바위처럼 굳게 서 있었다면 우리는 교회를 빼앗기지 않았을 것입니다. 그것의 이름은 결단이고, 그것의 이름은 영적 분별입니다. 홀로 남겨진 여러분, 교회를 잃어버린 여러분, 성경으로 돌아가 함께 교회를 찾읍시다. … 인간의 분별이 무너지는 시대는 아마도 그녀에게 훌륭한 건축의 시간이 될 것입니다. … 교회, 남은 교회들이여 … 고백하라! 고백하라! 고백하라!" 그는 애원했다.[1]

그날은 1933년 7월 23일이었다.

같은 해 1월, 히틀러는 독일 총통으로 취임했다. 바로 그 이튿날, 이 지도자의 의도에 속지 않은 한 젊은이가 라디오 연설을 통해 경고했다.

> 사람들이 지도자를 우상화할 때 지도자의 이미지는 점점 '잘못된 지도자'의 이미지가 될 것이며, 따라서 이 지도자는 자신의 우상을 만들고 하나님을 조롱한다.

이 마지막 문장이 방송되기 전에 본회퍼 목사의 마이크는 불가사의하게 꺼졌다.

본회퍼는 듣는 모든 사람에게 교회가 그의 앞에 반드시 무릎을 꿇어야 할 제단은 오직 하나뿐이며, 그것은 전능하신 분의 제단이라는 것을 계속 상기시켰다. 그는 교만한 나치의 정책과 십자가상 그리스도의 굴욕을 대조했다.

> 하나님의 승리는 우리의 패배를 의미하며 우리의 굴욕을 의미한다. 그것은 인간의 오만과 잘난체함과 우리 자신의 권리를 중시하는 모든 것에 대한 하나님의 조롱하는 분노를 의미한다. 그것은 세상 위의 십자가를 의미한다. … 그리스도의 십자가, 그것은 모든 인간의 자만에 대한 하나님의 신랄한 경멸, 모든 인간의 깊은 곳에 있는 하나님의 쓰라린 고통, 온 세상에 대한 하나님의 통치를 의미한다. … 제단 앞에 기드온과 함께 우리가 무릎을 꿇고 하는 말 '십자가 위의

주님, 오직 한 분이신 우리의 주님,' 아멘.²

본회퍼 목사는 만약 다른 신으로 하나님을 대신하게 한다면, 다시 말해, 만약 그리스도의 십자가가 다른 십자가로 대체된다면 복음은 배신당하고 교회는 심판을 받게 될 것이라고 경고했다.

다음 달인 1933년 8월, 그는 할머니에게 편지를 보냈다.

> 우리가 얻게 될 것은 기독교와 조화를 이룰 수 없는 크고 인기 있는 국가교회라는 것이 점점 더 분명해지고 있습니다. 우리는 반드시 우리가 가야 할 전혀 새로운 길을 시작할 준비를 해야 합니다. 실제적인 갈등은 게르만주의와 기독교이며, 갈등은 빨리 공개될수록 더 좋습니다. 그 어떤 것도 은폐보다 위험할 수는 없습니다.³

본회퍼 목사는 오늘날 미국에 있는 우리가 아직 보지 못한 것을 분명히 보았다. 그리스도인으로서 우리의 실제적인 갈등은 인본주의와 기독교 사이, 또는 대체 종교와 기독교 사이에 있다는 것이다. 한쪽에는 악화하는 문화가 있고 다른 쪽에는 소망과 구원의 메시지를 가진 그리스도의 십자가가 있다. 그것은 우리에게 점점 더 적대적인 문화에서 십자가 복음을 전하기 위한 그리스도인으로서 진짜 투쟁이다. 그리스도인들이 복음 즉, "구원을 이루는 하나님의 권능"을 전해야 한다면 지금이 바로 그때다.

2. 초대교회의 힘

초대교회 시대 당시에 복음의 능력이 무엇을 성취했는지 잠시 생각해 보자. 로마 정부에 정치적인 기반도 없고 문화의 주류가 아니었음에도 복음은 로마 제국의 영적, 도덕적인 분위기를 바꿨다. 기독교는 이교도와 경쟁했고, 대부분 대중의 마음과 생각을 얻었다. 그리스도인이라는 단어는 최상의 의미에서 급진주의자였다. 예배에서 공동체에 철저히 헌신했으며, 이교도인 이웃에게 봉사하는 데 철저히 노력했고, 그들은 구원의 의미를 살리기 위해 전적으로 헌신했다.

종교의 자유나 언론의 존재도 없고, 잘못을 바로잡을 힘이 없는 그리스도인들이었지만, 복음이 개인, 가족 및 문화를 변화시키는 힘을 가지고 있음을 발견했다. 그들의 믿음은 그들이 곤경에 처한 숫자에 있지 않았으며, 복음을 부끄러워하지 않고 선포한 단순한 메시지에 있었다. 그들은 그들의 불리함에 주눅들지 않았고, 성령의 권능에 의해 활력을 얻었다. 그들 대부분은 계속 말씀을 전했으며, 결과는 그것을 입증했다.

3. 우리의 숨겨진 십자가

나는 헌신적인 그리스도인들에게 묻는다.

우리는 우리가 마련할 수 있는 어떤 정치 사회적인 계획보다 십자가의 메시지에서 하나님의 권능이 더욱 분명하게 나타난다는 것을 잊었는가?

우리의 고약한 병폐에 대한 해결책을 찾는 것이 사람들을 완전히 변화시킬 수 있는 복음의 능력에 대한 확신을 잃어버린 증상이 아닐까?

우리는 십자가의 은혜가 세상을 향해 단순히 우리의 일부 메시지가 아니라, 그것이 모든 것이라는 것을 올바르게 이해하고 깊은 확신 가운데 십자가에 매달리고 있는가?

우리는 전반적으로 사회 특히 국가 기관에서 기독교에 대한 적대감이 증가하는 것을 목격했다. 과거 기독교의 구속의 은혜는 이제 냉소적인 오만함으로 버려지고 있다. 우리는 세상과 관계를 맺기 위해, 우리의 복음 전파라는 본질적인 임무에서 벗어나 착한 일에만 관여하려는 유혹을 받고 있다.

결국, 우리가 말하는 십자가의 의미는 무엇일까?

오래된 찬송가가 우리가 해야 할 일을 상기시켜 주는 것처럼 그리스도인들은 왜 "오래된 험한 십자가"에 매달리는가?

물론 우리는 그런 감성을 넘어섰다고 생각할지도 모른다. 하지만 기독교가 서거나 넘어지는 것은 바로 이 지점이다. 십자가의 의미가 기독교에 힘을 준다.

십자가는 우리를 위한 하나님 자신의 대속물이다. 하나님께서는 죄 많은 인간을 용서하기로 선택하셨기 때문에 그렇게 할 수밖에 없었다. 찰스 E. 크랜필드(Charles E. Cranfield)의 말에 따르면 이렇다.

하나님은 우리가 마땅히 받아야 할 의로운 진노의 모든 무게를 그의 아들이 짊어지도록 선택하셨다.[4]

"하나님 아들은 우리의 죄에 대한 형벌의 대가를 아버지 하나님께 지불했다." 그러므로 "구원은 수님의 것이다."

4. 십자가에 이르지 못하는 무관심

그리스도인은 냉랭한 무관심으로 십자가에 다가갈 수 없다. 십자가는 우리의 모든 독선이 무익함을 드러낸다. 그것은 우리가 하나님과 화해할 수 없는 죄인임을 상기시켜 준다. 그리스도는 죄인들을 구원하시고 하나님의 사랑을 나타내시며 악을 정복하기 위해 십자가에 달려 돌아가셨다. 이에 우리는 십자가 앞에 상한 영혼으로서 머리를 숙이고 서야만 한다.

그리고 여기에 경고가 있다. P.T. 포시스(P. T. Forsyth)는 십자가를 죄인들을 위한 하나님의 사역에 초점을 맞춰 이렇게 이야기했다.

> 만약 교회가 그 중심에서 믿음을 제거하면 교회의 관에 못을 박는 것이며, 그러면 교회는 죽을 운명에 처하게 되고 그녀가 숨을 거두는 것은 시간 문제일 뿐이다.[5]

교회는 십자가에서만 살 수 있고 호흡할 수 있다. 십자가 없이는 생명이 없고 존재할 이유가 없다.

나는 포시스의 경고를 반복하고자 한다. 우리에게 십자가가 없으면 우리 관에 못질하는 것이다! 정치·사회적인 정책에 너무 큰 부담을 느낀 나머지 우리의 허다한 문화적 충돌 가운데 우리의 메시지가 사라질 위험이 있다. 교회는 항상 복음을 수정하거나 주어진 정치적, 철학적, 문화적인 의제에 부응하려는 유혹을 받았다. 이런 일들이 일어나면 그리스도인들은 문화를 굳게 믿지만, 십자가에 대해서는 그렇지 않다. 십자가는 다시 숨는다.

자크 엘룰(Jacques Ellul)은 그의 저서 『뒤틀린 기독교』(The Subversion of Christianity)에서 이렇게 말한다.

> 각 세대는 자신들이 진리를 발견했다고 생각한다. … 안타깝게도 오늘날 기독교의 병에서 진리는 비워지고 오히려 다양한 문화의 모든 잡다한 것들로 채워졌다.[6]

애석하게도 기독교의 병은 기독교와 미국의 삶의 방식을 구별할 수 없는 대중 심리학, 환경주의, 민족주의 정신 등 여러 가지 의제로 가득차 있다. 십자가는 마음을 바꾸는 도구가 아니라 목에 매달린 장식이 되었다.

일부 정치 운동가들은 기독교의 병을 정치 개혁 전략으로 채웠다. 구원은 마치 국가 및 지방 선거에서 보수파를 선출하는 것으로 생각한다. 올바른 지도자 일지라도 중요한 것은 하나님은 공화당도 민주

당도 아니라는 것을 항상 기억해야 한다. 십자가는 정당의 깃발에 싸여있을 때 항상 왜곡되거나 그 영향력이 줄어든다. 십자가의 능력을 경험한 일부 사람들조차 십자가를 더 시급한 정책에 첨가되는 부록 정도로 여긴다.

미국에서는 많은 사람이 교회 역사상 새로운 현상이라고 믿는 것이 있다. 우리는 과거에 복음이 종교적인 자유주의자들과 명목상의 그리스도인들에 의해 무시되거나 조롱을 당하는 것을 보았다. 그것은 예상된 것이다.

오늘날 다른 점은 십자가의 메시지에 의해 구원받았다고 주장하는 사람들조차도 십자가의 메시지를 무시한다는 것이다. 복음이 가장 명확히 선포되어야 할 때, 우리는 이 땅의 위대한 복음주의 강단에서조차 숨죽인 목소리를 듣고 있다. 기독교의 책들은 기독교 메시지의 핵심과는 거의 관련이 없는 시장에 넘쳐난다. 내가 관찰한 복음의 메시지를 대체한 몇 가지를 소개한다.

(1) 하나님께서는 당신이 육체적인 치유를 경험하기 원한다.
(2) 하나님께서는 당신이 건강하고 부유하기를 원한다.
(3) 예수께서는 당신이 더 나은 사업가, 부모, 기업인 등이 되도록 도와주실 것이다.
(4) 하나님께서는 당신이 죄를 회개했는지와 관계없이 "하나님은 당신을 위한 존재"라는 것을 알고 활기찬 삶을 살아가기 원한다.

(5) 당신을 향한 하나님의 뜻은 좋은 영양분의 섭취, 신체적인 운동 그리고 멋진 삶을 영위하는 것이다.

(6) 기독교의 메시지는 십자가가 아니라 공동체다.

복음주의 공동체에서 심리학은 신학을 대체하고 값비싼 은혜는 본회퍼 목사가 묘사한 "값싼 은혜"로 대체되었다. 요컨대, 우리는 지적, 영적 중심을 잃어버렸고 그것을 소비주의적 자구책과 개인의 이익 추구로 대체했다. 우리는 하나님께 열중하기보다 자신의 이익에 골몰하고 있다. 그리고 우리는 그 결과를 볼 수 있다.

5. 나치 독일의 마지막 모습

내가 나치 독일에서 교회의 실패에 관해 읽은 가장 뛰어난 분석은 지친 회중에게 감동적인 설교를 한 복음주의 목사에 의해 주어졌다. 그의 말은 우리를 멈추게 하고 오늘날 미국과 그들의 관련성에 대해 심사숙고하게 한다.

1945년 4월, 패배로 폐허가 된 독일의 신학자이자 목사인 헬무트 티엘리케(Helmut Thielicke)는 일어난 모든 일의 의미에 대해 슈투트가르트에 있는 그의 회중에게 감동적인 연설을 했다. 넋을 잃은 그의 회중에게 확실히 남긴 메시지에서 "우리는 용서를 거부하고 주님의 십자가를 걷어찼기 때문에 국가가 마땅히 받아야 할 것을 얻었다"라고 말했다.[7]

티엘리케는 "기독교 국가"에서 무엇이 잘못되었는지에 대한 강력한 비판에서 이렇게 말한다.

그리스도의 십자가가 무시되어 교회가 독일의 군국주의에 눈이 멀었다고 말했다. 교회는 가장 큰 위험, 즉 온 세계를 얻으려 할 때 '자신의 영혼을 잃어버릴 수 있는' 위험을 간과했다.

티엘리케는 이 문제의 핵심은 다음과 같다고 말했다.

하나님을 부인하고 십자가를 버리는 것은 나 자신의 내적 삶과 개인적인 구원에만 관련된 사적 결정이 아니라, 동시에 역사적인 삶 전체에 특히 우리 민족에게 가장 잔인한 결과를 가져왔다. '신은 조롱을 당하지 않는다.' 세계의 역사는 그 텍스트에 근거한 끔찍한 이야기를 해 줄 수 있다.

티엘리케는 역사에서 보이지 않는 것은 보이는 것보다 더 강력하다고 말했다. 그는 또한 이렇게 언급했다.

여전히 그 프로그램으로 독일이 '하나님'이라고 부르는 이 위험한 바위 위에서 정확하게 난파된 것을 이해하지 못하는 사람은 다른 어떤 것도 볼 눈이 없다. 그는 개인적인 재앙만 보기 때문에 더 이상 그들 뒤에 있는 근본적인 재앙을 보지 못한다.

마지막으로 그는 청중들에게 다음과 같이 상기시켰다.

> 성공의 숭배는 일반적으로 악마가 가장 열심히 경작하는 우상 숭배의 한 형태다. … 우리는 1933년 이후 처음 몇 해의 큰 성과들에서 나오는 거의 도발적인 충동을 관찰할 수 있었고, 그러한 성공의 영향으로 그리스도인들조차 그 정체와 성취의 대가가 무엇인지 묻지 않았다. 성공은 모든 것 중 가장 큰 마약이다. **8**

그리스도의 십자가를 내리고! 성공에 취하고! 영구적인 것을 임시적인 것으로 대체하고! 그리하여 교회와 온 나라가 조롱당하지 않는 하나님으로 불리는 바위에 짓눌려 부서졌다. 회개의 필요성에 겸손하지 않고 민족주의에 대한 자부심으로 눈이 멀어 파괴되었다. 교회는 자랑스럽게 서 있었지만 겸손하게 고개를 숙이지 않았다. 교회는 십자가를 무시하고 그 결과를 감수해야 했다.

6. 이제 우리 차례

교회는 수 세기 동안 고통을 겪었고, 이제 우리의 차례인 것처럼 보인다. 우리는 초대 사도들처럼, 복음을 전하는 우리의 헌신이 세상 법에 반하는 것이 되리라는 것을 알게 될 것이다. 우리는 자신에게 물어야 한다.

우리는 어느 지점에서 믿음을 배반하기보다는 범법자가 되어야 할까?

우리는 어떤 대가를 치르더라도 십자가의 은혜를 세상에 드러내고 우리의 구세주와 동일시할 용의가 있는가?

우리는 어떻게 세상 사람들을 사랑하면서도 복음을 무너뜨리려는 사람들의 의제에 반대할 수 있을까?

이 질문들은 이 장의 범위를 벗어나는 내용이다. 그러나 나는 우리가 모두 순간이 아닌 영원한 삶을 위해 그리고 우리 자신이 아닌 그리스도를 위해 살기 시작할 때라고 믿는다. 우리의 공적 효율성은 주로 하나님과 우리의 사이의 사적 관계에 근거한다는 것을 알아야 한다. 미국교회는 세상과 마찬가지로 많은 죄에 참여한다. 하나님에 대한 우리의 열정은 억제되고 우리의 비전은 훼손되었다. 그리스도께서 말씀하신다.

> 마음이 청결한 자는 복이 있나니 그들이 하나님을 볼 것임이요(마 5:8).

십자가의 발아래 나아가면 마침내 우리는 깨어진다. 혼란스럽고 상처받는 세상을 벗어나는 법을 배우는 곳이 바로 그곳이다. 십자가는 우리와 전체 인류 사이의 장벽을 무너뜨린다. 그러면 우리는 더 이상 우리 자신이 싸우는 대상이 미국시민자유연맹이나 언론 또는 정치인들이 아니라는 것을 알게 될 것이다. 우리는 "만약 우리가 그들 모두를 제거하기만 하면, 모든 것이 잘 될 것이다"라고 말하는 사고방식을 없애야 한다.

오스 기네스(Os Guinness)가 이렇게 말한다.

> 이 견해의 문제는 교회에서 확실히 볼 수 없는 더 넓은 문화에서도 문제가 없다는 것이다. 부패는 우리 안에 있으며 밖에 있는 것이 아니다. 그리고 그리스도인들은 모든 것을 문화 전쟁 탓으로 돌려 큰 실수를 하고 있다. 위기는 훨씬 더 심각하다.[8]

마침내 우리는 문제의 핵심에 도달하였다. 즉 십자가는 우리에게 그 전투가 교회와 국가 사이에 있는 것이 아니라 우리 자신의 마음 속에 있다는 것을 상기시킨다. 만약 그리스도께서 우리 모두와 함께 하시고, 본회퍼 목사가 우리에게 상기시킨 준 것처럼 십자가의 은혜가 정치와 세상을 능가한다면, 우리는 그 대가에 상관없이 극복할 것이다.

우리가 그리스도인으로서 이 갈등 국면을 그리스도를 위한 진정한 증인이 될 기회로 본다면, 신앙의 자유에 대한 공격을 환영할 수 있다. 나치 독일에서 있었던 큰 공포를 사소하게 여길 수 없지만, 고난이 없었다면, 니뮐러 목사나 본회퍼 목사 또 코리에 텐 붐에 관한 이야기를 결코 들어보지 못했을 것이다.

또한, 우리는 이생에서 눈에 보이는 어떤 보상도 없이 하나님을 위해 계속 살아가고 있는 수천 명의 용감한 목사, 어머니, 아버지들에 대해서도 읽지 못했을 것이다.

고난이 없었다면, 하나님께 그들의 "금보다 더 귀한" 믿음을 보여 드리지 못했을 것이다. 우리는 그리스도께서 역사를 바로잡을 것이라고 확신한다. 그리스도와 그의 십자가의 은혜에 충실한 사람들은 말할 수 없는 영광으로 가득 찬 기쁨으로 보상을 받을 것이다. 모든 경쟁하는 세상이 요구하는 십자가들은 노출되고 심판을 받게 될 것이며, 모두 주 예수 그리스도 앞에 무릎 꿇고 경배하며 예수 그리스도가 주님임을 고백하며, "모든 입은 아버지 하나님의 영광을 찬양할 것이다."

그때까지 우리의 흔들리지 않는 믿음으로 하나님께 영광을 돌리자. 우리가 충실하게 고난을 받으면 세상에서 십자가가 높아질 것이다. 본회퍼 목사가 "세상의 떨림은 우리 앞이 아니라 십자가 앞이다"라고 한 말이 옳다.

홀로 영광 하나님께!

부록
나치 독일과 미국의 현재를 통해 한국을 본다*

원서 *When a nation forgets God*은 국가사회주의 나치 독일의 모습에 미국의 오늘날을 오버랩하고, 『국가가 하나님을 잊을 때』는 나치 독일과 미국의 현재를 통해 한국을 본다. 그러나 우리는 또한 그들의 뒤에 있는 원초적 음산한 존재를 볼 수 있다.

창조 이래 배신이 있었고, 사탄은 야심 차게 자신의 왕국 건설에 나섰다. 전략은 불변의 가치, 진리를 빼내고 거짓을 채우는 것이다. 목적은 우리를 하나님에게서 떠나 사탄의 종으로 만드는 것이다. 그러나 그는 결코 최종 목적지를 말하지 않는다. 그도 그 결과가 얼마나 참혹한지 알기 때문일 것이다.

상황에 따라 전술은 바뀌지만, 전략은 바뀌지 않는다. 히틀러가 처음도 아니다. 독일 국민을 속인 히틀러를 속였던 음산한 그림자, 그것은 오래전부터 있었고, 그래서 히틀러가 죽고, 국가사회주의가 해체되었어도 그 그림자는 다른 이름으로 여전히 세상에서 열심히 일하고 있다.

---

* 본 부록은 번역 후 모영윤 성도가 쓴 독후감이다.

언어는 창조하기도 하지만 파괴하기도 한다. 하나님은 세상을 말씀으로 창조하셨지만, 사탄은 말로서 속이고 유혹하고 파괴한다. 언어로 본질을 바꾸려는 시도는 속이는 것이며 악마적이다. 속이는 도구는 매우 조잡하다. 단어라는 프레임에 집어넣고 본질을 왜곡하는 것이다. 몇 가지 단어를 조합하면 된다.

예를 들어 공정, 공정하면 정의가 연상될 것이다. 그러나 결과는 전혀 정의롭지 못한 것들이 있다. 정의라는 물건을 주문하였더니 정의라는 이름으로 포장된 상자가 배달되었다. 상자를 열어보니 불의가 들어 있었다. 항의하고 반품하는 것이 일반적인 반응이다.

그런데 왜 항의를 하지도 않고 버리지도 못하고 소중하게 간직할까? 상자 안의 불의가 탐욕이어서일까?

또, 예를 들어 "지구만 태양을 공전하는 것은 불공평하다. 이제 태양이 지구를 돌게 하자."

그것을 믿는다고 본질이 바뀔까?

정의로워졌다!?

우리가 사는 세상은 본질이 있고, 질서가 있다. 그것은 몇 가지 단어를 조합한다고 바뀌지 않는다. 그런 것을 믿는 것은 어리석은 것이며, 우리를 병들게 하고 파괴하는 것이다.

그런데도 왜 그렇게 속이며 속는 것일까?

거짓과 탐욕으로 우리의 소중한 감성을 자극하여 정의로 포장하기 때문이다. 인류 최초의 범죄 현장 에덴동산에서 하와는 아름답고, 맛있을 것 같고, 지혜로워질 것도 같은 선악과를 본다!

사탄이 어떻게 유혹하는지 살펴보자.

사탄은 하나님의 명령을 직접 받은 아담을 유혹하지 않았다. 화산도 약한 곳을 뚫고 분출한다. 하나님은 아담에게 '명령'하셨다. 그러나 그는 하와에게 하나님이 '말씀하셨는가'라고 묻는다.

하나님은 동산의 선악과를 제외한 각종 열매를 임의로 먹으라 하셨지만, 사탄은 '모든 나무 열매를 먹지 말라'고 하셨는가라고 한다. 하와는 선악과를 만지지도 말라는 말을 덧붙이고, '반드시 죽을 것이다'를 '죽을까 하노라'라고 완화한다. 이것은 확실히 모르거나 의심하는 말이다.

사탄은 기회를 놓치지 않고, 반드시 '죽는다'를 반드시 '죽지 않는다'라고 확신을 심어준다. 그리고 먹으면 하나님처럼 눈이 밝아진다고 하여 마치 하나님께서 인간이 하나님처럼 되는 것을 막으려고 하신 것처럼 의심을 불어넣는다.

인간이 하나님이 될 수 없음은 그도 알고 있다. 하와는 이성이 마비되고 감정에 사로잡혀 그 나무를 보니 "먹음직도 하고 보암직하고, 지혜롭게 할 만큼 탐스럽게" 느낀다(창 3:6).

그녀는 아마도 아담이 잘못 알고 있는 것이 아닌가?

아마도 사탄이 옳을지도 모른다고 생각하지 않았을까?

탐심, 사탄은 우리의 탐심을 자극한다. 예수님도 우리와 같은 사람으로서 사탄의 유혹을 받으셨다. 그분이 사탄의 제안을 거절한 것은, 능력이 없어서가 아니라 원칙을 지키신 것이다. 굶주린 사람은 빵이 필요하고, 가진 사람은 지키기 위해 더 많이 가져야 안전하다고 생각한다.

우리는 불편한 진실을 인정해야 한다. 정치가들이나 사회운동을 하는 사람들은 자신이 믿는 신념이나 목적을 위해 노력한다. 모든 사람이 탐욕을 위해 일하는 것이 아니라는 것도 사실이다.

나치당 집권 후, 한때 이인자로 지도자 대리직에 임명되었으며, 유대인 등을 합법적으로 탄압하기 위한 뉘른베르크법안에 적극적으로 관여했던 히틀러의 절친 루돌프 헤스(Rudolf Hess)는 그의 에세이 『어떤 남자가 독일을 그녀의 이전 고지대로 되돌릴 것인가』?에서 이렇게 말한다.

지도자는 대중을 심리적으로 잘 다룰 수 있도록 반드시 대중적 이미지를 가져야 한다. 그러나 현실에서 대중과 공통점이 없어야 한다. 그래야 필요할 때 유혈 사태에서도 위축되지 않는다.

히틀러는 감명을 받았고, 헤스가 놀랐던 것은 히틀러가 그런 지도자였다.

우리는 대중적 이미지를 보이려고 애쓰는 사람이, 대중의 생각이나 바라는 것과 전혀 다른 행동을 한다면, 그 이미지는 포장된 것이며, 상자 안에는 대중과 전혀 공감하지 않는 이질적인 공감능력이 전혀 없는 것이 담긴 것이다. 이런 사람이 지도자가 되면 그 사회나 국가는 위험하다.

나치 독일의 태생이 가능했던 데는 이유가 있었다. 항상 전조는 있고 경고도 있다. 독일 바이마르공화국의 실패도 교훈 삼아야 한다. 인플레이션을 고려하지 않고 화폐를 남발하여, 1조 마르크가 1달러가 되고, 1919년부터 3년간 물가 상승이 1조 배였다니, 저축과 일자리도 사라지고 극히 일부를 제외하고 모든 국민은 완전한 평등을 이뤘다고 할 것이다. 불행은 이어져 대공황으로 절망했을 것이다.

히틀러가 독일 국민의 기도 응답으로 여겨졌다는 것은 무리가 아니었을 것이다. 참고로 우리가 1997년 국가 부도로 IMF의 구제 금융을 받을 당시 1998년 연중 물가는 10.2% 상승하고, 환율은 최대 2천 원에 미치지 못했다.

디모데전서 4:2은 위선적으로 거짓말을 하는 것은 양심이 뜨거운 쇠로 타버렸기 때문이라고 한다. 그런 사람이 올바른 일을 할 것이라고 기대하는 것은 지나치다 못해 어리석다.

아 요즈음 세상에 그런 지도자는 없다고?

사탄이 죽기라도 했는가?

인간의 문제를 해결할 철학이라도 나왔는가?

전 세계는 더욱 혼란스러운 상황이다. 더구나 이제 전쟁이 일어난다면 그 위험은 8천 4백만 명 이상이 사망하고 2천 7백만 명이 부상한 제2차 세계대전과는 비교도 안 될 것이다.

그 판단 기준은 무엇일까?

인류가 수천 년의 역사 속에서 개발한 철학이나 사상이 문제해결의 답을 찾지 못했다는 것을 인정해야 한다. 그러나 그 길은 항상 우리와 함께 있었다. 영원히 변하지 않는 본질, 진리, 세상에서 가장 오래되고, 영향력이 있는 성경에 답이 있다. 불편하더라도 진실이다. 창조주 하나님이 원하시는 것은 진심으로 그분을 경배하고 그분 안에서 평강을 누리는 것이다.

> 예수께서 이르시되 네 마음을 다하고 목숨을 다하고 뜻을 다하여 주 너의 하나님을 사랑하라 하셨으니, 이것이 크고 첫째 되는 계명이요 둘째도 그와 같으니 네 이웃을 네 자신 같이 사랑하라 하셨으니, 이 두 계명이 온 율법과 선지자의 강령이니라(마 22:37-40).

주님은 시험에 들지 않도록 경계하며 그리고 기도하라고 하셨다. 피아를 구분하기는 쉽지 않다. 항상 진짜처럼 변장하고, 숨죽이며 다가온다. 더구나 시대에 따라 다른 복장을 한다. 그래서 역사의 교훈으로 원인을 찾기가 어렵다. 근본적인 원인을 봐야 한다. 그런 일은 영적인 분별력이 필요하다.

> 우리가 이것을 말하거니와 사람의 지혜가 가르친 말로 아니하고 오직 성령께서 가르치신 것으로 하니 영적인 일은 영적인 것으로 분별하느니라(고전 2:13).

그뿐만 아니라 사람은 누구나 분별의 도구, 자신의 행동의 옳고 그름에 대한 안내자, 양심을 가지고 있다. 양심이 잘 달궈진 쇠로 태워져 버린 화인 맞은 양심도 있지만, 대부분의 양심은 매우 잘 작동하고 있다.

> 우리를 위하여 기도하라 우리가 모든 일에 선하게 행하려 하므로 우리에게 선한 양심이 있는 줄을 확신하노니(히 13:18).

파수꾼이 적을 발견하면 침묵해서는 안 된다. 적을 발견하면 즉시 모든 사람에게 알려야 한다. 두리뭉실하게 해서는 안 된다. 구체적이어야 한다. 위치를 말하고, 몇 명인지 말하고, 어떤 복장을 하고, 어떤 무기를 가졌는지 알려주고, 경보를 받은 사람은 즉시 경계 태세에 돌입하고 전투 준비를 해야 한다. 우리가 적들과 함께 있거나 그들을 돕고 있는지 살피고, 만약 그렇다면 즉시 돌아서야 한다. 회개하는 것이다. 만약 그렇지 않는다면 우리는 그리스도를 따르는 사람이 아니다. 우리는 그리스도인이거나 아니거나 둘 중 하나이다.

그리스도인은 적이 나타나면 즉시 기도로 구원을 요청해야 한다. 예수 이름으로 기도하는 것은 특권이며 위대한 권세가 있다. 오래전에 귀신들린 믿지 않는 사람에게 스스로 예수 이름을 부르고 발로 차라고 한 적이 있다. 그는 그렇게 했고, 그것은 사라졌다. 이 상황은 에베소의 제사장 스게와의 일곱 아들이 한 흉내와는 다르다. 믿음으로 주의 이름을 부르면 일어나는 일이다. 악한 영은 우리가 두려워할 존재가 아니다. 경계하고 물리칠 존재일 뿐이다. 우리가 허용하지 않는 한 그들은 우리에게 머물 수 없다.

저자가 밝히듯이 자연은 진공을 허락하지 않는다. 우리의 마음이나, 교회나, 이 땅에서 진리를 밀어내면 그곳은 반드시 거짓으로 채워진다. 우리는 물컵에 물이 없으면 비었다고 말한다. 아니다! 물이 비워지면 공기가 채워진다! 당신은 무엇으로 채워졌는가?

이 책이 우리를 진리로 채우거나 변화시키지는 못한다. 우리의 결단에 달렸기 때문이다. 그러나 우리가 왜 유혹받고 현혹되는지, 무너지는지, 내가 어디에 서 있는지, 우리를 속이는 것은 무엇인지, 우리를 어떻게 속이는지 살피게 할 것이며, 변화의 동기를 부여할 것이다.

그리스도의 교회는 세상 속에 있어야 하므로, 히브리서 12:15은 성도가 하나님의 은혜로부터 떨어지지 않게 부지런히 살피라고 한다. 성도가 하나님의 말씀에 반하는 집단에 서 있다면 교회의 책임이다. 또 선포되는 경고에 아멘으로 화답하지 못하고, 우리의 주장을 진리 보다 앞세우면 미안하지만, 우리는 진리 안에 있지 않다. 엘리야는 우리에게 선택하라고 한다.

> 엘리야가 모든 백성에게 가까이 나아가 이르되 너희가 어느 때까지 둘 사이에서 머뭇머뭇 하려느냐 여호와가 만일 하나님이면 그를 따르고 바알이 만일 하나님이면 그를 따를지니라 하니 백성이 말 한마디도 대답하지 아니하는지라(왕상 18:21).

진정한 그리스도인이라면, 진리를 거역하고 파괴하는 사람들에 대하여 분노할 필요는 없다. 회개한 사람들은 분노를 거두고 순교했다. 사울이 회개하고 바울이 되어 순교했으며, 다혈질 베드로도 변해서 칼을 버리고 말씀을 전하다 순교했다. 모든 사람은 하나님의 형상과 모양을 가진 귀한 존재이며 하나님이 사랑하는 사람이다. 우리는 십자가상에서 한 우리 주 예수 그리스도의 기도를 기억해야 한다.

> 이에 예수께서 이르시되 아버지 저들을 사하여 주옵소서 자기들이 하는 것을 알지 못함이니이다 하시더라(눅 23:34).

하나님은 개인이나 가정이나 도시나 민족이나 국가가 죄악으로 가득 차기를 기다렸다가 멸망시키는 파괴자가 아니다. 그분은 무슨 죄를 지었든지 당신을 사랑하고 그의 백성이 되기를 원하신다.

> 하나님이 세상(모든 사람)을 이처럼(너무 많이) 사랑하사 독생자(예수)를 주셨으니 이는 그를 믿는 자마다 멸망하지 않고 영생을 얻게 하려 하심이라(요 3:16)-괄호는 역주.

우리에게는 아직 기회가 있다. 그러나 몇 년 후 아니면 길어도 수십 년 안에 그 기회는 사라진다. 어쩌면 오늘 밤이나 내일 또는 수개월 내 사라질 수도 있다. 평생 진리를 찾다가 인생을 허비한 사람이 있는가 하면, 아무런 지식이 없는데도 진리를 얻는 행운아가 있다.

인생이 끝나가는 시간에 하나님을 알게 되는 것은 안타깝지만 다행이다. 그러나 삶이 다하는 날까지 모른다는 것은 애통한 일이다.

젊어서 그 사랑을 아는 사람은 얼마나 큰 행운인가?

네잎클로버를 찾지 마라. 네잎클로버에는 행운이 없다. 16년 전 인도의 사무엘 마시 목사께서 소중한 책을 주셨다. 최근 다시 읽은 그 책 어니 그루엔 목사의 저서『하나님의 마음을 감동시켜라』를 읽고 나의 무지한 신앙은 철저히 무너졌고, 특히 분노를 버렸다.

왜 그때 이 책을 깊이 탐독하지 못했을까?

너무 아쉽다. 하나님의 은혜가 아니면 불가능하다. 베일을 벗고 거룩한 예수님의 영광에 우리를 비춰보자.

모든 산 자들 중에 들어 있는 자에게는 누구나 소망이 있음은 산 개가 죽은 사자보다 낫기 때문이니라(전 9:4).

하나님은 한 사람을 찾고 계신다.
바로 당신이다!

다가올 미래를 살피는 것도 필요하지만, 오늘 우리 안에 가만히 들어왔거나 다가오는 거짓을 밝혀야 하며, 회개하고, 겸손하게 창조주 하나님께 기도해야만 한다. 당신이나 가족이나 도시나 민족이나 국가가 흥하고 망하는 것은 적그리스도나, 진리의 반대편에 서서 진리를 파괴하는 사람들 때문이 아니라 바로 우리, 하나님의 백성인 그리스도인 때문이라는 것을 상기해야 한다.

이 땅을 위하여 성을 쌓으며 성 무너진 데를 막아 서서 나로 하여금 멸하지 못하게 할 사람을 내가 그 가운데에서 찾다가 찾지 못하였으므로, 내가 내 분노를 그들 위에 쏟으며 내 진노의 불로 멸하여 그들 행위대로 그들 머리에 보응하였느니라 주 여호와의 말씀이니라 (겔 22:30-31).

내 이름으로 일컫는 내 백성이 그들의 악한 길에서 떠나 스스로 낮추고 기도하여 내 얼굴을 찾으면 내가 하늘에서 듣고 그들의 죄를 사하고 그들의 땅을 고칠지라(대하 7:14).

시대를 분별하는 것은 미래를 대비하는 것과는 다를 것이다. 우리 시대에 다른 복장으로 오는 적을 분별해야 하며, 그것은 시대를 살면서 승리하기 위한 것이다. 미래를 대비하는 것이 중요한 만큼, 오늘 우리에게 필요한 것은 오늘을 위한 기도다. 복음을 전한다는 이유로 생명을 잃으면서도 일반적인 방어기제인 무력을 사용하지 않고, 진리를 사수하고 복음을 전했던 초대교회를 본받아야 한다.

나치 독일에서 유대인은 공직을 금하고, 상거래뿐만 아니라 음식마저 구할 수 없는 상황과 종국에는 최종 해결책이라는 이름으로 가스실에서 죽어갔다.

우리는 어떤가?

우한 폐렴으로 인한 코로나19 정도에 당황하면 안 된다. 우리는 좀 더 성숙해질 필요가 있다.

> 그러므로 너희가 이제 여러 가지 시험으로 말미암아 잠깐 근심하게 되지 않을 수 없으나 오히려 크게 기뻐하는도다. 너희 믿음의 확실함은 불로 연단하여도 없어질 금보다 더 귀하여 예수 그리스도께서 나타나실 때에 칭찬과 영광과 존귀를 얻게 할 것이니라 (벧전 1:6-7).

> 사랑하는 자들아 너희를 연단하려고 오는 불 시험을 이상한 일 당하는 것 같이 이상히 여기지 말고, 오히려 너희가 그리스도의 고난에 참여하는 것으로 즐거워하라 이는 그의 영광을 나타내실 때에 너희로 즐거워하고 기뻐하게 하려 함이라 (벧전 4:12-13).

하나님께로부터 난 자는 다 범죄하지 아니하는 줄을 우리가 아노라 하나님께로부터 나신 자가 그를 지키시매 악한 자가 그를 만지지도 못하느니라(요일 5:18).

우리가 성경의 진리를 지키는 것은 지존하신 하나님의 말씀이기 때문이며, 그것만이 우리 도시와 나라 그리고 사람들을 살리는 유일한 길이기 때문이다. 끝으로 각 도시마다 또 전국적으로 주의 복음과 사랑을 실천하는 운동이 각 교회를 통하여 일어나기를 소망한다.

기도

하나님! 요한일서 5:18을 주신 하나님께 감사합니다. 우리가 죄 사함을 받을 뿐만 아니라 거듭나게 하옵소서. 진리와 복음을 선포하기에 부끄럼 없는 주님의 거룩한 교회가 되게 하옵소서. 우리는 주님의 교회이니, 우리의 주장이나 생각이 주님의 말씀에 앞서지 않게 하옵소서.

이 땅을 고쳐주옵소서. 영적 분별력을 가지고 시대를 분별하게 하옵시고, 시험과 연단을 기뻐하며, 이 시대에 사는 것을 감사하게 하옵소서. 주님의 교회를 성령의 권능으로 채워주소서. 오직 진리로 충만하게 하옵소서. 거리에서 골목에서 복음이 선포되게 하옵소서. 진리가 선포되게 하옵소서, 이 땅이 하나님이 영광으로 충만하여 온 세계를 비추는 나라가 되게 하여 주옵소서.

우리를 구속하신 주 예수 그리스도의 이름으로 기도드립니다. 아멘.

미주

이 책의 줄거리

1 Viktor Frankl, *The Doctor and the Soul: Introduction to Logotherapy* (New York: Knopf, 1982), xxi; quoted in Ravi Zacharias, Can Man Live Without God (Dallas Word. 1994), 25.

제1장 심판이 따르는 정부

1 Wiliam L Shirer, *The Rise and Fall of the Third Reich* (New York: Simon and Schuster, 1960), 234.
2 Deitmar Schmidt, *Pastor Niemoller* (New York: Doubleday, 1959), 94.
3 (The eyewitness account was given to a pastor in an East Coast church who had just preached a message on abortion ; he later shared it with me.)
4 Schmidt, Pastor Niemoller, 72.
5 See Janet L. Folger, *The Criminalization of Christianity* (Sisters, Ore.: Multnomah, 2005). This book gives the details of how all public expressions of the Christian faith in the public sphere are deemed as crimes by groups such as the ACLU.
6 For a detailed discussion of the rights of public schools see John W. Whitehead. *The Rights of Religious Persons in Public Education*, 2d ed. (Wheaton, IL: Crossway, 1994).
7 For a detailed discussion of the rights of public schools see John W. Whitehead. *The Rights of Religious Persons in Public Education*, 2d ed. (Wheaton, III: Crossway, 1994).
8 John W. Whitehead, *Religious : the separation of religion from American public Life* (Chicago: Moody, 1994), 33
9 As quoted in Whitehead, *Religious Apartheid*, on an opening unnunbered page
10 Whitehead, *Religious Apartheid*, 22.

11 Whitehead, *Religious Apartheid*, 35.
12 Whitehead, *Religious Apartheid*, 36.
13 Whitehead, *Religious Apartheid*, 36
14 C.S. Lewis, "The Humanitarian Theory of Punishment," *God in the Dock* (Grand Rapids: Eerdmans, 1971), 292-93.
15 "Florida Principal, Athletic Director Could Go to Jail for Prayer Before Lunch at School, 15 August 2009, accessed at http://www.foxnews.com/story/0,2933,539741,00.html.
16 Richard Land, *The Divided States of America?* (Nashville, Thomas Nelson, 2007), 185.
17 Quoted in J. S. Conway, *The Nazi Persecution of the Churches 1933-1945* (New York: Basic, 1968), on an opening unnumbered page.

제2장 문제는 경제

1 Gerald Suster, *Hitler: The Occult Messiah* (New York: St. Martins, 1981), 135.
2 William Shirer, *The Rise and Fall of the Third Reich* (New York: Simon and Schuster, 1960), 239-40,
3 Quoted in Glenn Beck, Common Sense (New York: Mercury Radio Arts/Threshold Editions, 2009), 23-24. See also www.jeffersonblog.history.org/should-government-regulate-banks.
4 Richard Land, *The Divided States of America?* (Nashville: Nelson, 2007), 183.
5 Abraham Lincoln. 1864 address at a Sanitary Fair, Baltimore, Maryland. 18 April.
6 David A. Raush, *A Legacy of Hatred* (Chicago: Moody, 1984), 72.
7 John Whitehead, *Religious Apartheid* (Chicago: Moody, 1994), 38-39.

제3장 합법적인 악

1 Quoted in Joachim C. Fest, *Hitler* (New York Harcourt, 1973), 212.
2 Quoted in Shirer, *The Rise and Fall of the Third Reich* (New York Simon and Schuster, 1960), 268
3 R.J. Rashdoony, *Low and Liberty* (Fairfax: Va Thoburn, 1971), 33.
4 Shirer, *The Rise and Fall*, 238.
5 J Noakes and G. Pridham, eds., *Nazism: A History in Documents and Eyewitness Accounts*, 1919-1945, vol. 1. (New York: Schocken Books, 1983), 476.
6 Quoted in John Warwick Montgomery, *The Law Above The Law* (Minneapolis: Bethany, 1975), 25-26.

7   Speech to the Constitutional Convention, June 28, 1787, www.saferschools.org/pdfs/Franklin.pdf. Franklin was age eighty-one at the time; see also www.loc.gov/exhibits/religion/rel06.html.
8   Cited in John W. Whitehead, *The Second American Revolution* (Elgin IL: Cook, 1982), 46-47.
9   C. Gregg Singer, A Theological Interpretation of American History. quoted in Whitehead, *The Second American Revolution*, 34.
10 Whitehead, *The Second American Revolution*, 46-47.
11 Quoted in Whitehead, *The Second American Revolution*.
12 Quoted in Whitehead, *The Second American Revolution*, 51.
13 Quoted in Whitehead, *The Second American Revolution*, 51.
14 Montgomery, *The Law Above The Law*, 54-55.
15 Quoted in John Whitehead, *The Stealing of America* (Westchester Ill: Cross-way 1983), 32.
16 Quoted in Janet Folger, *The Criminalization of Christianity* (Sisters, Ore.: Multnomah, 2005), 99.

제4장 국가를 바꾸는 선전

1   Adolf Hitler, *Mein Kampf*. Ralph Manheim, trans. (Boston: Houghton Mifflin, 1943), 583.
2   Hitler, *Mein Kampf*. Ralph Manheim, trans. (Boston: Houghton Mifflin, 1943), 583.
3   Hitler, *Mein Kampf*. Ralph Manheim, trans. (Boston: Houghton Mifflin, 1943), 479.
4   Hitler, *Mein Kampf*. Ralph Manheim, trans. (Boston: Houghton Mifflin, 1943), 479.
5   Richard Terrell, *Resurrecting The Third Reich* (Shreveport, La: Huntington House, 1994), 176.
6   Janet L. Folger. *The Criminalization of Christianity* (Sisters, Ore.: Multnomah, 2005), 75.
7   Hitler, *Mein Kamph*, 231.
8   Hitler, *Mein Kamph*, 276.
9   Marshall Kirk and Hunter Madsen, *After the Ball* (New York: Plume, 1990) as quoted in Sears and Craig Osten, *The Homosexual Agenda*, Nashville : B&H), 18-19.
10 Kirk and Madsen, *After the Ball*, 20.
11 Sears and Craig Osten, *The Homosexual Agenda*, 22.
12 Kirk and Madsen, *After the Ball*, as quoted in Sears and Osten, *The Homosexual Agenda*, 22.

13 Kirk and Madsen, *After the Ball*, as quoted in Sears and Osten, *The Homosexual Agenda*, 23.
14 Kirk and Madsen, *After the Ball*, as quoted in Sears and Osten, *The Homosexual Agenda*, 26-27.
15 Kirk and Madsen, *After the Ball*, as quoted in Sears and Osten, *The Homosexual Agenda*, 27.
16 Sears and Osten, *The Homosexual Agenda*, 48.
17 As quoted in *Time*, 23 December 1940, 38.
18 See "MP Geert Wilders, Chairman, Netherlands Party for Freedom, 25 September 2008, at www.facingjihad.commp-geert-wilders-chairman-netherlands-party-for-freedom.
19 Janet L. Folger, *The Criminalization of Christianity*, 28-29.
20 See Jim Boulet Jr. "Obama Declares War on Conservative Talk Radio," www.americanthinker.com/2008/11obama-declares-war-on-conserva.html.

제5장 자녀 교육의 책임은 부모

1 Michael P. Donnelly "Germany-It's Time for Some Change" in *HSLDA- The Home School Court Report*, vol. 25, no.1. Jan./Feb. 2009, 8.
2 Dana Hanley, "Courage and Conviction-The Struggle for Home Schooling Freedom in Germany." www.homeschoolenrichment.com. March/April, 2007, 36.
3 Hanley, "Courage and Conviction-The Struggle for Home Schooling Freedom in Germany." www.homeschoolenrichment.com. March/April, 2007, 39.
4 Quoted in Duane Lester, "The Threats to Homeschooling: From Hitler to the NEA," 11 August 2008, at http://www.allamericanblogger.com/3415/the-threats-to-homeschooling-from-hitler-to-the-nea/.
5 Quoted in Lester, "The Threats to Homeschooling: From Hitler to the NEA."
6 Quoted in Lester, "The Threats to Homeschooling: From Hitler to the NEA."
7 Jeremy Noakes and Geoffery Pridham, eds., *Nazism: A History in Documents and Eyewitness Accounts*, 1919-1945, vol. 1 (New York: Schocken, 1983). 432.
8 Noakes and Pridham, eds., *Nazism: A History in Documents and Eyewitness Accounts*, 437.
9 Noakes and Pridham, eds., *Nazism: A History in Documents and Eyewitness Accounts*, 446.
10 Noakes and Pridham, eds. *Nazism: A History in Documents and Eyewitness Accounts*, 427.
11 Noakes and Pridham, eds., *Nazism: A History in Documents and Eyewitness Accounts*, 441.

미주 183

12 Noakes and Pridham, eds., *Nazism: A History in Documents and Eyewitness Accounts*, 429.
13 Noakes and Pridham, eds., *Nazism: A History in Documents and Eyewitness Accounts*, 439.
14 Noakes and Pridham, eds., *Nazism: A History in Documents and Eyewitness Accounts*, 422.
15 Noakes and Pridham, eds., *Nazism: A History in Documents and Eyewitness Accounts*, 423.
16 Noakes and Pridham, eds., *Nazism: A History in Documents and Eyewitness Accounts*, 428.
17 Noakes and Pridham, eds., *Nazism: A History in Documents and Eyewitness Accounts*, 428.
18 Noakes and Pridham, eds., *Nazism: A History in Documents and Eyewitness Accounts*, 446.
19 Quoted in William M. Bowen, *Globalism: America's Demise* (Lafayette La: Huntington House, 1984), 19-20.
20 Marlin Maddoux, *Public Education Against America* (New Kensington. Penna: Whitaker House, 2006), 84.
21 Maddoux, *Public Education Against America*, 80-88.
22 Maddoux, *Public Education Against America*, 134.
23 "Fox News Reporting: Do You Know What Textbooks Your Children Are Reading" 4 September 2009, www.foxnews.com/story/0,2993,545900,00
24 Tammy Bruce, *The Death of Right and Wrong* (Roseville, Calif.: Prima Publishing 2003), 88.
25 Bruce, *The Death of Right and Wrong* (Roseville, Calif.: Prima Publishing 2003), 195.
27 Maddox. *Public Education*, 141-42.
28 http://www.foxnews.com/story/0.2933,545900,00.html.
29 Dinesh D'Souza, *Illiberal Education* (New York: Free Press, 1991), 9-10.
30 Tim Stafford. "Campus Christians and the New Thought Police" *Christianity Today*, 10 February 1992, 17.
31 Maddox, *Public Education*, 29.
32 Maddox, *Public Education*, 65
33 Quoted in Maddox, *Public Education*, 65,
34 Maddox, *Public Education*, 69.

제6장 평범한 영웅들이 끼친 영향

1   Dietrich Bonhoeffer, *The Cost of Discipleship*, trans. C. Kaiser (New York: Macmillan, 1949), 43, 45.
2   Tim Stafford, "Campus Christians and the New Though Police," *Chritanity Today*, 10 February 1992, 19.
3   Cited in Eberhard Bethge, *Bonhoeffer: Exile and Martyr* (New York: Seabury 1975), 155
4   Corrie ten Boom and Elizabeth and John Sherrill (1971, repr. Grand Rapids: Baker, 2006), 115
5   This is a summary of a longer article on the subject in Kindred Spirit, Winter/Spring 2009, vol 33, no.1. p.12. "Taking the Long View."
6   Sheldon Vanauken, *A Severe Mercy* (New York: Harper Collins, 1977), 85.
7   Bonhoeffer, *The Cost of Discipleship*, 258.

제7장 십자가를 높이 들라

1   Eberhard Bethge, *Dietrich Bonhoeffer* (New York: Harper & Row, 1970), 228.
2   Mary Bosanquet, *The Life and Death of Dietrich Bonhoeffer* (London: Hodder & Stoughton. 1968), 121-22.
3   Bethge, *Dietrich Bonhoeffer*, 232.
4   Quoted in John Stott, *The Cress of Christ* (Downers Grove, IL.: InterVarsity. 1986), 134.
5   Quoted in Stott, *The Cross of Christ*, 48.
6   Jacques Ellul, *The Sabversion of Christianity* (Grand Rapids: Eerdmans, 1986), 18.
7   Helmut Thielicke, "The Great Temptation." *Christianity Today*, 12, July. 198% 24-31. My summary in this chapter is adapted from this longer version.
8   As quoted in "Religion and Politics: A Round Table Discussion, *Modern Reformation*, September/October 1994, 25.